Laurence-Caroline Henry

L'essentiel du Droit international privé

4e édition

Gualino
lextenso éditions

LES CARRÉS

Cette collection de livres présente de manière **synthétique, rigoureuse** et **pratique** l'ensemble des connaissances que l'étudiant doit posséder sur le sujet traité. Elle couvre :

- **le Droit et la Science Politique ;**
- **les Sciences économiques ;**
- **les Sciences de gestion ;**
- **les concours de la Fonction publique.**

33 rue du Mail 75081 Paris cedex 02
ISBN 978 - 2 - 297 - 03175 - 2
ISSN 1288-8206

Présentation

L'ouvrage est une présentation simple et synthétique du droit international privé, matière réputée, à juste titre, difficile.

Il présente les lignes directrices de la matière et peut être une introduction utile pour les étudiants, mais aussi pour les professionnels confrontés à des questions internationales et désireux de disposer d'une présentation simplifiée des dispositions juridiques applicables. Il s'adresse également aux étudiants présentant des concours nécessitant une vision d'ensemble, synthétique, du droit international privé.

SOMMAIRE

Présentation 3

Introduction – Caractères spécifiques du droit international privé 11

1 – L'objet du droit international privé *11*

2 – Les méthodes et les sources du droit international privé *12*

- *Les sources du droit international privé* 12
  - a) Les sources nationales 12
  - b) Les sources internationales 12
  - c) Les sources communautaires 13
- *Les méthodes du droit international privé* 14

1
Les conflits de lois

Chapitre 1 – Les méthodes directes **17**

1 – Les règles matérielles ***17***

- *Les règles matérielles d'origine nationale* 17
  - a) Les règles d'origine légale 18
  - b) Les règles d'origine jurisprudentielle 18
- *Les règles matérielles d'origine internationale* 18

2 – Les lois d'application immédiate ***19***

- *Notion* 19
  - a) Les lois de police du for 19
  - b) Les lois de police étrangères 20

Chapitre 2 – L'approche conflictualiste **23**

1 – La variété de conflits de lois ***23***

- *Les conflits de lois dans l'espace* 24
- *Les conflits de lois dans le temps* 25
  - a) Le conflit transitoire international 25
  - b) Le conflit mobile 25

2 – La vocation de la loi étrangère ***26***

Chapitre 3 – La méthode des conflits de lois **29**

1 – La règle de conflit ***29***

- *Problématique* 29
- *Les procédés de localisation* 31
  - a) Le sujet 31
  - b) L'objet 31
  - c) La source du rapport du droit 31

■ *Les caractères de la règle de conflit* 32
a) La règle de conflit est neutre 32
b) La règle de conflit est abstraite 34
c) La règle de conflit est indirecte 34
d) La règle de conflit est bilatérale 35

2 – Le choix de la règle de conflit ***37***

■ *Le choix du système juridique* 37
a) Le principe : l'application de la règle de conflit du for 37
b) L'application exceptionnelle de la règle de conflit étrangère 38

■ *Le choix entre les règles de conflit du for* 39
a) La qualification 39
b) La réponse : la qualification *lege fori* 41
c) Les limites de la qualification *lege fori* 42

Chapitre 4 – L'application de la loi désignée par la règle de conflit **45**

1 – Le régime procédural ***45***

■ *L'autorité de la règle de conflit à l'égard du juge et des parties* 45
a) L'autorité de la règle de conflit à l'égard du juge 47
b) L'autorité de la règle de conflit à l'égard des parties 48

■ *La preuve de la loi étrangère* 51
a) La charge de la preuve de la loi étrangère 51
b) Les moyens de preuve 53
c) La sanction en cas d'absence de preuve de la loi étrangère 54

■ *L'interprétation par les juges du fond de la loi étrangère* 54

2 – L'éviction de la loi étrangère ***56***

■ *L'ordre public* 57
a) La notion d'ordre public en matière de conflits de lois 57
b) Les effets de l'ordre public 59

■ *La fraude à la loi* 60
a) Les éléments constitutifs de la fraude à la loi 60
b) La sanction de la fraude à la loi 61

2
Les conflits de juridictions

Chapitre 5 – La compétence directe 65

1 – La compétence de droit commun **65**

- *Les règles de compétence ordinaire* 65
  - a) La compétence des juridictions françaises en dépit de l'extranéité 66
  - b) L'extension à l'ordre international des règles internes de compétence territoriales 66
- *La compétence privilégiée* 68
  - a) Les conditions d'application des articles 14 et 15 du Code civil 69
  - b) Les caractères des articles 14 et 15 du Code civil 69

2 – La compétence de l'Union européenne **71**

- *La convention et le règlement dit de Bruxelles I, Bruxelles I bis* 71
  - a) Les règles de compétences ordinaires et spéciales 74
  - b) Les règles de compétence exclusives 81
- *Le règlement dit Bruxelles II bis* 83
  - a) Le champ d'application du règlement 83
  - b) La détermination du tribunal compétent en matière de divorce 84
  - c) La compétence en matière d'autorité parentale 84
- *Le règlement (CE) n° 1346/2000 relatif aux procédures d'insolvabilité* 87
- *Le règlement (CE) n° 4/2009 du conseil relatif à la compétence, la loi applicable, la reconnaissance et l'exécution des décisions et la coopération en matière d'obligations alimentaires du 18 décembre 2008* 88
- *La procédure européenne de règlement des petits litiges (R. (CE) n° 861/207 du Parlement européen et du Conseil du 11 juillet 2007, instituant une procédure européenne de règlement des petits litiges)* 88

Chapitre 6 – La compétence indirecte, les effets des jugements étrangers **91**

1 – Les effets des jugements étrangers en droit commun ***91***

- *L'exequatur* 92
  - a) le régime procédural de l'*exequatur* 92
  - b) les conditions d'octroi de l'*exequatur* 92
- *Les effets des jugements indépendants de l'exequatur* 95
  - a) La nature des effets indépendants de l'*exequatur* 95
  - b) Le contrôle des jugements étrangers non soumis à procédure 97

2 – Les effets des jugements étrangers dans l'Union européenne ***98***

- *La Convention, le règlement de Bruxelles I et le règlement Bruxelles I* bis 98
  - a) La restriction des points de contrôle 99
  - b) Les procédures de contrôle 100
- *Le règlement (CE) n° 2201/2003 « Bruxelles II* bis » 101
- *Le règlement relatif aux procédures d'insolvabilité* 103
- *Le règlement (CE) n° 4/2009 sur les obligations alimentaires* 103
- *Le Titre exécutoire européen* 104
- *La procédure européenne d'injonction de payer (R. (CE) n° 1896/2006)* 104
- *La procédure européenne de règlement des petits litiges (R. (CE) n° 861/2007)* 105

Bibliographie **107**

Caractères spécifiques du droit international privé

INTRODUCTION

Le droit international privé concerne les relations internationales nouées entre personnes privées. Ces relations peuvent être familiales, commerciales. Les relations internationales se rattachent à plusieurs ordres juridiques ; à défaut de lois internationales et de juridictions internationales, il convient de rechercher les règles qui détermineront quelle est la loi qui régit ces relations privées internationales et quel est le juge compétent pour connaître ces relations. Ainsi le droit international privé est international par son objet, mais il reste encore souvent national par ses sources et ses méthodes.

1 L'objet du droit international privé

Le droit international privé est un droit spécial qui a pour objet les relations entre les personnes privées présentant un élément d'extranéité, c'est-à-dire concernant au moins deux systèmes juridiques étatiques différents.

Il y a deux conceptions du droit international privé.

Une approche stricte comprend les conflits de lois et les conflits de juridictions. Les conflits de lois posent le problème du choix de la loi applicable lorsqu'une situation juridique présente des rattachements avec différents ordres juridiques étatiques. Le mariage célébré entre une Française et un Allemand doit-il être soumis aux dispositions de la loi française ou de la loi allemande ? Pour répondre à cette question, il faut trancher un conflit de lois dans l'espace. Il est possible d'envisager l'application de la loi française comme celle de la loi allemande. Il faut choisir entre les deux lois nationales en recherchant les rattachements pertinents de la situation juridique avec la loi française ou la loi allemande. Les conflits de juridictions visent à déterminer quel est le juge compétent en présence d'une situation présentant des éléments d'extranéité. La Française et l'Allemand veulent divorcer : le juge compétent est-il le juge français ou le juge allemand ? Les règles gouvernant la détermination de la loi applicable et la détermination du juge compétent ne sont pas les mêmes. Par conséquent, le juge français, compétent, peut être conduit à appliquer une loi étrangère désignée par la règle de conflit française.

- *Une approche large* comprend également la nationalité et le statut des étrangers. Ces droits dépendent de règles matérielles, c'est-à-dire de règles qui énoncent directement la solution.

2 Les méthodes et les sources du droit international privé

Le droit international privé est international par son objet, mais il reste en grande partie national par ses sources et ses méthodes.

Les sources du droit international privé

Ces sources sont à la fois nationales et internationales.

a) Les sources nationales

La source prépondérante est la jurisprudence, car la loi est peu prolixe. Le droit international privé n'est pas codifié. La loi se compose de quelques articles dans le Code civil concernant les conflits de lois (article 3 du Code civil ; droit de la filiation : articles 311-14, 311-15, 311-17) et les conflits de juridictions (articles 14 et 15 concernant le privilège de juridiction, article 2412 du Code civil). En revanche, le droit de la nationalité se trouve pour l'essentiel aux articles 17 et suivants du Code civil ; ce droit, comme celui du statut des étrangers, connaît presque une inflation législative. La jurisprudence est particulièrement importante, elle sert souvent de relais aux positions doctrinales, elles aussi fondamentales.

b) Les sources internationales

Il s'agit notamment des traités. La conjugaison de plusieurs critères permet d'obtenir une typologie des traités. Certains sont bilatéraux, d'autres sont multilatéraux. Ils intéressent plusieurs États signataires et sont souvent issus de travaux engagés dans le cadre d'organisations internationales

(Conférence de La Haye du droit international privé, Conseil de l'Europe, Nations Unies). Certains s'attachent au règlement des conflits de lois ; ils définissent des règles de conflits communes à tous les États signataires (ex. : Convention de La Haye du 14 mars 1978 sur la loi applicable aux régimes matrimoniaux). D'autres proposent des solutions aux conflits de juridictions : en posant des règles de compétence directe, ce sont des traités simples, ou en proposant des règles de compétence directe et indirecte, ce sont des traités doubles (ex. : Convention de Bruxelles du 27 septembre 1968 devenue le règlement R. 44/2001 relatif à la compétence, la reconnaissance et l'exécution des jugements étrangers, remplacé à partir du 10 janvier 2015 par le règlement (UE) n° 1215/2012). Certains traités établissent des règles matérielles de droit international supprimant, dans le cadre de leur champ d'application, les conflits de lois (ex. : Convention de Vienne du 11 avril 1980 sur la vente internationale de marchandises). Les traités sont dits de portée relative lorsqu'ils ne changent la règle de droit qu'entre les États signataires. Ils sont dits de portée universelle lorsque la règle conventionnelle remplace la règle nationale des États signataires y compris dans leurs relations avec des États non-signataires.

La jurisprudence internationale est également importante. La Cour internationale de justice (CIJ) a rendu des décisions qui intéressent le droit international privé (ex. : l'affaire *Nottebhöm* du 6 avril 1955 en matière de nationalité ; les arrêts *Barcelona Traction* du 5 février 1970 et *ELSI* du 20 juillet 1989 en ce qui concerne la nationalité des sociétés, l'affaire *Boll* du 28 novembre 1958 concernant la protection des mineurs). Les organisations internationales élaborent également des textes qui ne sont pas des traités mais qui constituent des modèles que les parties peuvent adopter (ex. : les principes UNIDROIT ; les commissions *Lando* et *Von Bar* en droit des contrats européens). Les opérateurs du commerce international élaborent spontanément des règles non étatiques qui leur sont propres (ex. : *lex mercatoria*, incoterms de la CCI, les règles et usances du crédit documentaire, les échanges de données informatisées, EDI).

c) Les sources communautaires

Des traités ont été négociés dans le cadre communautaire en application de l'article 293 du Traité CE (ex. art. 220) ; c'est le cas de la Convention de Bruxelles du 28 septembre 1968 modifiée en ce qui concerne les conflits de juridictions. D'autres sont exempts de base juridique communautaire mais étroitement associés à l'ordre juridique communautaire, par exemple la Convention de Rome du 19 juin 1980 sur les obligations contractuelles en ce qui concerne les conflits de lois. Depuis l'entrée en vigueur du Traité d'Amsterdam, le 1er mai 1999, certaines dispositions consacrent une compétence communautaire en matière de coopération judiciaire dans le cadre de la politique des « visas, asile, immigration et autres politiques liées à la libre circulation des personnes » (Titre IV, art. 65 et s.). La compétence de l'Union européenne en matière de droit international privé est confirmée par le Traité de Lisbonne entrée en vigueur le 1er décembre

2009 (TFUE, 3e partie, les politiques et les actions internes de l'Union, titre IV, l'espace de liberté, de sécurité et de justice ch. 3, art. 81, coopération judiciaire en matière civile). Depuis, de nombreux règlements ont été adoptés et sont entrés en vigueur ; d'autres sont en préparation. Ces instruments présentent un fort particularisme car ils ne sont plus des traités mais des règlements ou des directives de l'Union européenne (UE) avec tous les caractères du droit de l'Union. La Cour de justice de l'Union européenne assure l'interprétation uniforme de ces textes en application du renvoi préjudiciel (protocole du 3 juin 1972 pour la Convention de Bruxelles du 28 septembre 1968 et protocole du 1er août 2004 pour la Convention de Rome du 19 juin 1980 et renvoi préjudiciel de droit commun, TUE, art. 19, TFUE, art. 267).

■ *Les méthodes du droit international privé*

Il est possible de mettre en évidence trois approches en droit international privé : deux d'entre elles sont des méthodes directes, la troisième est indirecte :

– la première est la ***méthode conflictualiste***. Elle est indirecte car elle permet de désigner la loi applicable à la situation internationale privée grâce à l'utilisation d'une règle de conflit de lois, mais elle ne fournit pas la solution matérielle. Cette solution est donnée par la loi applicable après sa désignation par la règle de conflit ;
– la deuxième méthode est celle des ***lois d'application immédiate***. La loi s'applique alors immédiatement à la situation présentant les éléments d'extranéité sans qu'il soit nécessaire de recourir à la règle de conflit de lois. Elle s'inscrit dans le cadre de la méthode des conflits de loi dans la mesure où la loi de police « court-circuite » la mise en œuvre de la règle de conflit en s'imposant immédiatement au juge ;
– la troisième méthode donne une ***solution matérielle en dépit du caractère international de la situation juridique***, il s'agit du droit international privé matériel (ex. : droit de la nationalité).

L'objet du droit international compris au sens strict comprend les conflits de lois et de juridictions ; ces deux aspects de la matière sont envisagés successivement : les conflits de lois (Partie 1), les conflits de juridictions (Partie 2).

Partie 1

Les conflits de lois

Chapitre 1	Les méthodes directes	17
Chapitre 2	L'approche conflictualiste	23
Chapitre 3	La méthode des conflits de lois	29
Chapitre 4	L'application de la loi désignée par la règle de conflit	45

Les méthodes directes

Chapitre 1

Elles comportent des règles de nature très différentes. Les premières sont des règles de droit de facture classique, il s'agit des règles matérielles. Les secondes s'inscrivent dans la méthode des conflits de lois qu'elles court-circuitent puisqu'elles interviennent préalablement à leur mise en œuvre ; d'aucuns ont écrit qu'elles opèrent en quelque sorte « un déclassement de la règle de conflit » (Graulich, « La règle de conflit et les règles d'application immédiate », in Mélange Dabin, II, 641). Ces deux types de règles ne concurrencent cependant pas la méthode des conflits de lois.

1 Les règles matérielles

Elles sont des règles de droit ordinaire, mais elles sont originales car elles ne s'appliquent qu'aux relations internationales. Elles constituent la méthode directe en droit international privé. Cette méthode est secondaire et ne sert que de complément à la méthode des conflits de lois qu'elle ne concurrence pas. Une partie de la doctrine est pourtant favorable à cette méthode notamment parce qu'elle répond mieux aux besoins du commerce international. Le domaine de ces règles reste relativement spécialisé. Ces règles ont soit une origine nationale, soit une origine internationale.

■ *Les règles matérielles d'origine nationale*

Elles sont spécialement édictées pour les situations internationales, souvent les relations du commerce international. Cette caractéristique les distingue des lois de police qui, elles aussi, s'appliquent directement aux situations internationales, mais sont édictées pour des rapports juridiques internes.

a) Les règles d'origine légale

Il existe des dispositions concernant les sociétés étrangères, les relations financières avec l'étranger. Les dispositions du Code de procédure civile favorables à l'arbitrage international sont particulièrement caractéristiques (CPC, art. 1442 à 1527, décret 13 janvier 2011, e.v. 1er mai 2011). Elles montrent la volonté d'offrir aux opérateurs du commerce international des règles matérielles adaptées à leurs besoins. Certaines de ces règles matérielles concernent le droit de la famille. Les articles 171-1 et suivants du chapitre II *bis* du Code civil sur le mariage du Français à l'étranger comportent des règles matérielles.

b) Les règles d'origine jurisprudentielle

Les arrêts favorables au commerce international sont connus. On peut retenir, parmi les classiques de la matière, à titre d'exemple l'arrêt *Messageries Maritimes* (*Cass., 21 juin 1959*) qui consacre la validité de la clause valeur-or dans les contrats internationaux. L'arrêt *Galakis* (*Civ. 1re, 2 mai 1966*) pose une autre règle matérielle afin de permettre aux personnes publiques de compromettre dans les contrats internationaux. L'arrêt *Hecht* (*Civ. 1re, 4 juillet 1972*) accompagné par une jurisprudence fournie pose le principe de l'autonomie de la clause compromissoire.

■ *Les règles matérielles d'origine internationale*

Elles sont soit d'origine communautaire, soit d'origine internationale, soit d'origine privée. Il y a de plus en plus de dispositions de l'Union européenne, notamment en droit des sociétés et surtout en droit de la concurrence. Cependant, ces textes n'excluent pas dans leur contenu même la référence à la méthode des conflits de lois. Des traités internationaux comportent des règles matérielles internationales propres aux relations internationales. Il existe de nombreux traités en matière de transport international. D'autres concernent le commerce international ; parmi eux, il est possible de citer la Convention de Vienne du 11 avril 1980 sur la vente internationale de marchandises. Les dispositions de cette dernière unifient le droit international privé matériel. On dit qu'elle porte « Loi uniforme » car elle unifie à la fois le droit international et le droit interne des États signataires. Enfin, certaines de ces règles matérielles internationales sont élaborées par les agents du commerce international. Ces règles se développent indépendamment de l'intervention étatique et viennent d'organismes professionnels tels que la Chambre de commerce international (CCI). L'ensemble de ces règles est dénommé par la doctrine sous le terme de *lex mercatoria* (certains, face au développement du e. commerce, évoquent une *lex electronica*).

À l'intermédiaire de la méthode directe et de la méthode indirecte se trouvent les lois d'application immédiate. Elles s'inscrivent dans le cadre de la méthode des conflits de lois, mais pour l'écarter.

2 Les lois d'application immédiate

■ *Notion*

L'origine des lois de police peut être repérée dans l'article 3 alinéa 1 du Code civil : « *Les lois de police et de sûreté obligent tous ceux qui habitent le territoire* ». Elles présentent des caractéristiques originales au plan de la méthode. Dans la méthode de conflits de lois (Chapitre 3), il convient de partir de l'analyse de la situation juridique concrète pour y rattacher la loi qui présente avec elle les liens les plus étroits. En matière de loi d'application immédiate, le raisonnement est inverse. Il convient de partir du domaine d'application de la loi d'application immédiate ; si la situation juridique entre dans ce champ d'application, il faut l'appliquer. Elle permet donc une économie de raisonnement car il n'est plus nécessaire de passer par l'application préalable de la règle de conflit pour trouver la loi applicable. La loi d'application immédiate du for s'applique excluant l'application de la loi étrangère. Ainsi les lois d'application immédiate ont leur propre domaine d'application internationale. Elles sont qualifiées de lois de police et de sûreté (art. 3, C. civ.) lorsque leur fonction sociale impose ce domaine d'application minimum pour atteindre leur but. Les lois d'application immédiate et non de police n'ont pas une fonction sociale qui impose leur application au domaine international, mais elles sont qualifiées comme telles par la volonté du législateur (ex. : article 311-15 du Code civil en ce qui concerne la possession d'état en matière de filiation).

Le juge doit donc respecter la démarche suivante :

- rechercher si parmi les lois du for il n'y a pas une loi de police applicable qui implique une économie de raisonnement et écarte la mise en œuvre de la règle de conflit de lois ;
- en l'absence de loi de police du for, rechercher et appliquer la règle de conflit pertinente.

Le sort des lois de police du for n'est pas le même que celui des lois de police étrangères.

a) Les lois de police du for

Elles ne sont pas toujours faciles à déterminer. En effet, elles ne sont pas toutes désignées en tant que telles et leur nature se révèle lors de leur analyse. Le juge français applique de plus en plus souvent les lois de police. Ainsi la Cour de cassation a précisé que l'article 10 de la loi française du 3 janvier 1967 portant sur la forme des actes relatifs à la propriété des navires francisés et imposant la rédaction d'un écrit comportant les mentions propres à l'identification des parties et du navire constitue une loi de police (*Com., 14 janvier 2004, Bull. civ. IV, n° 9*). La même solution est posée s'agissant de la loi relative à l'indemnisation des victimes (*Civ. 2e, 3 juin 2004, Bull. civ. II, n° 265*), et pour la loi de 1881 relative aux délits de presse (*Civ. 1re, 19 octobre 2004*).

Certaines juridictions de première instance (*T. confl. Paris, 19 avril 2005*) considèrent que la garantie de paiement de l'article L. 132-8 du Code de commerce constitue une loi de police. La Cour de cassation les a démenti en précisant que l'article L. 132-8 « *n'est pas une loi dont l'observation est nécessaire pour la sauvegarde de l'organisation politique, sociale et économique du pays au point de régir impérativement la situation quelle que soit la loi applicable et de constituer une loi de police* » *(Cass. com., 13 juillet 2010, n° 10-12.154, Bull. civ. IV n° 131, Cass. com., 18 sept. 2012, n° 11-20.789, F-P+B).* En revanche, la loi n° 75-1334 du 31 décembre 1975 instituant une action directe du sous-traitant contre le maître de l'ouvrage est une loi de police (*Cass. ch. mixte, 30 nov. 2007, n° 06-14.006*) toutefois sa mise en œuvre nécessite de vérifier l'existence d'un lien de rattachement de l'opération avec la France au regard de l'objectif de protection des sous-traitants (*Cass. com., 27 avril 2011, n° 09-13524*). Le Conseil d'État a rappelé la nécessité de ce rattachement avec la France dans une décision du 10 mai 2012 (n° 337573) précisant que l'interdiction de payer en liquide au-delà d'une certaine somme (C. mon. Fin., art. L. 112-6) est une loi de police applicable aux seuls paiements effectués en France. La jurisprudence le montre, il y a des domaines plus sensibles que d'autres. Ainsi en droit de la famille et des personnes, certaines dispositions sont des lois de police ou d'application immédiate : l'article 311-15 du Code civil relatif à la possession d'état, les dispositions relatives à l'assistance des mineurs sur le territoire français, en matière de régime matrimonial, les dispositions du Code civil définissant le régime primaire des époux. Pour la première fois la Cour de cassation a reconnu la qualité de loi de police aux dispositions relatives à l'attribution préférentielle dans le cadre de la liquidation partage de la succession d'époux belges soumise à la loi française (*Cass. civ. 1re, 10 oct. 2012, n° 11-18.345*). En droit des contrats, les lois d'application immédiate cohabitent avec l'autonomie de la volonté. Il faut citer la réglementation impérative en droit du travail, des baux d'immeubles, les dispositions protectrices des consommateurs. Plus généralement, la protection de la partie faible au contrat en droit international conduit à la mise en œuvre de lois d'application immédiate. Le droit de la concurrence participe aussi de la technique des lois de police, il existe même des lois de police communautaire en la matière. Ces dernières s'imposent aux États membres en raison des caractères du droit communautaire ; elles ne sont plus tout à fait des lois nationales, mais ne sont pas non plus des lois de police étrangères.

b) Les lois de police étrangères

Elles posent des difficultés de méthode particulières. En effet, l'application par le juge de sa propre loi de police n'est pas surprenante, l'application de la loi du for étrangère soulève des questions plus complexes. Dans un premier temps, leur application n'était pas même envisagée. Ce n'est plus le cas et la Convention de Rome de 1980 sur les obligations contractuelles prévoit en son article 7 l'éventuelle application de lois de police étrangères si elle se justifie par l'existence d'un lien étroit entre la situation juridique et cette loi de police (de même l'article 16 de la Convention de La Haye du 14 mars 1978 sur la loi applicable aux contrats d'intermédiaire et de représentation, en vigueur depuis le 1er mars 1992). La Cour de cassation assure l'application, sur le fondement de l'article 7 § 1 de la Convention de Rome, des lois de police étrangères dès lors qu'elle présente des liens étroits avec la situation concernée (*Cass. com., 16 mars 2010, n° 08-21.511, Bull. civ. IV, n° 54*). Le règlement de Rome 1 sur les obligations contractuelles du 17 juin 2008 reprend la possibilité d'appliquer les lois de police étrangères dans son article 9 § 3. Il remplace la Convention de Rome pour les États membres à l'exception du Danemark, de l'Irlande, à compter du 17 décembre 2009.

Il convient de définir les rattachements justifiant l'application des lois de police étrangères. Il a été proposé de faire dépendre leur application de leur désignation par la règle de conflit du for, ceci revient à nier la présence d'une loi de police étrangère par nature impérative. Une première approche, inspirée de la méthode des conflits de lois, consiste dans la bilatéralisation des critères d'application des lois de police étrangères. Cette solution n'est pas satisfaisante car par nature la loi de police est unilatérale puisqu'elle définit son propre champ d'application y compris international. Il serait plus respectueux de la nature des lois de police de rechercher si elle se veut applicable. La seconde approche, finalement préférée, consiste justement à respecter le caractère unilatéraliste de la loi de police et le domaine d'application prévu par la loi de police étrangère elle-même. Cette solution est celle prônée par l'article 7 de la Convention de Rome qui énonce qu'il pourra être donné effet aux dispositions impératives de la loi d'un autre pays si, et dans la mesure où, selon ***le droit de ce dernier pays***, des dispositions sont applicables quelle que soit la loi régissant le contrat. L'article 9 du règlement de Rome 1 sur les obligations contractuelles précise qu'il est tenu compte de la nature et de l'objet de la loi ainsi que des conséquences de son application ou de son absence d'application. L'article 9 § 3 du règlement est plus restrictif quant à l'accueil de la loi de police étrangère que l'article 7 § 1 de la Convention. Au lieu de faire référence à la pertinence du lien entre la loi de police étrangère et la situation et à la vérification du caractère acceptable de la disposition étrangère, l'article 9 § 3 prévoit de donner effet aux lois de police du lieu d'exécution du contrat et dans la mesure où lesdites lois de police rendent l'exécution du contrat illégale. Le rattachement voulu par la loi de police est donc respecté mais on s'assure du caractère raisonnable de l'application revendiquée ; on vérifie si la prise en compte de la loi de police étrangère permet de satisfaire l'objectif qu'elle poursuit et on s'assure que son application ne va pas à l'encontre de l'ordre public du for. Cette mise en œuvre des lois de police montre qu'elles appartiennent à une logique conflictualiste même si leur application court-circuite l'application de la règle de conflit de for. Cette application doit être étudiée à travers la méthode principale du droit international privé : la méthode des conflits de lois. Cette étude suppose préalablement comprise la notion de conflit de lois.

L'approche conflictualiste

Chapitre 2

Pour qu'apparaisse un conflit de lois, deux conditions doivent se vérifier :
– il faut qu'il existe une diversité des systèmes juridiques ;
– il faut que des rapports juridiques d'ordre privé relèvent de ces différents systèmes juridiques.

Dans une telle hypothèse, il faut choisir entre les différentes lois et déterminer la loi applicable. La notion de conflit de lois implique qu'il y ait une hésitation entre différentes lois étatiques impliquées dans la situation juridique à cause des éléments d'extranéité qui la caractérise. Pour déterminer la loi applicable, il est utilisé une règle de conflit de lois. Elle repose sur un critère de rattachement qui est l'élément de fait qui semble le plus caractéristique pour trouver la loi présentant les liens les plus étroits avec la situation juridique internationale. Il existe plusieurs variétés de conflits de lois, mais une des caractéristiques des conflits de lois est d'envisager la mise en œuvre de la loi étrangère.

1 La variété de conflits de lois

Il convient de les distinguer clairement afin de mieux cerner l'objet des conflits de lois. Il y a deux grandes variétés de conflits de lois :

- les conflits de lois dans l'espace qui opposent les lois de territoires différents mais qui sont intéressées à s'appliquer à une même situation juridique ;
- les conflits de lois dans le temps qui sont connus sous la dénomination du droit transitoire. En droit international privé, ces conflits peuvent venir compliquer les conflits de lois dans l'espace.

Les conflits de lois dans l'espace

Ils sont variés. Ils apparaissent chaque fois qu'il faut choisir entre les lois de territoires différents. Certains peuvent être qualifiés de conflits internes étrangers dans l'espace. Ils se rencontrent dans les États qui ne sont pas unifiés juridiquement. Les conflits peuvent être interpersonnels si chaque ethnie ou chaque religion se voit appliquer sa loi personnelle. Ils peuvent être territoriaux s'il existe des droits propres à chaque territoire. Dans tous les cas, il y a diversité des règles mais pas de systèmes juridiques car il n'y a pas de conflits entre des entités juridiques autonomes comme les systèmes juridiques étatiques. Il existe des conflits entre systèmes juridiques qui s'inscrivent au sein d'un même État si ce dernier comprend des territoires bénéficiant d'une autonomie constitutionnelle, législative et d'autorités compétentes chargées d'appliquer et interpréter ces lois (ex. : les conflits interfédéraux dans les États fédéraux).

Le droit international privé tente de résoudre les conflits de lois internationaux dans l'espace, c'est-à-dire les conflits de lois qui surgissent entre différents États indépendants et souverains. Ces conflits surviennent lorsque la situation juridique en cause présente au moins un élément d'extranéité. Un des particularismes de la règle du conflit, qui est l'instrument de résolution du conflit de lois, est de définir simultanément le domaine d'application de la loi du for et celui de la loi étrangère. Par exemple, en matière d'état et capacité des personnes, la règle de conflit française est l'article 3 alinéa 3 du Code civil qui précise que la loi applicable est la loi de la nationalité de la personne. Cet article désigne la loi de la nationalité ; il définit donc le champ d'application de cette loi et, indirectement, il exclut les autres lois éventuellement applicables comme la loi du domicile. Un autre particularisme de la règle de conflit de lois est d'être susceptible de désigner une loi étrangère. Par exemple, si la capacité d'un Anglais résidant en France est recherchée, l'article 3 alinéa 3 désigne la loi de sa nationalité : la loi anglaise. Elle définit le domaine d'application de la loi anglaise en fonction du critère de la nationalité alors que les Anglais retiennent, eux, le critère du domicile. Elle désigne la loi anglaise qui est une loi étrangère pour les autorités françaises qui devront tout de même l'appliquer.

Les ***caractères spécifiques des conflits de lois*** sont donc les suivants :

- ***l'application éventuelle d'une loi étrangère*** ;
- ***la dissociation de la compétence du juge (ou de l'autorité) de la vocation de la loi à s'appliquer***.

Les conflits de lois dans l'espace peuvent se compliquer avec des conflits de lois dans le temps.

Les conflits de lois dans le temps

Ces conflits, lorsqu'ils interviennent en droit international privé, présentent des caractères originaux. Ils peuvent survenir dans deux hypothèses :

- la première consiste dans le changement de la règle de conflit ou le changement de la loi applicable à la situation juridique par la volonté du législateur ou par l'entrée en vigueur d'un traité : c'est le conflit transitoire international ;
- la seconde, plus originale, suppose le changement du critère de rattachement et donc de la règle de conflit, par l'individu impliqué dans la situation juridique : c'est le « conflit mobile » (Bartin).

a) Le conflit transitoire international

Il est résolu pour l'essentiel par la transposition des principes du droit transitoire national à la situation internationale. Un premier cas vise le changement de la loi applicable désignée par la règle de conflit. La loi étrangère, une fois désignée par la règle de conflit, est la seule compétente pour régler le conflit transitoire ; c'est donc en application du droit étranger que ce dernier doit être résolu. La cour de cassation a confirmé cette solution par une décision du 18 décembre 2008.

Un second cas concerne le changement de la règle de conflit elle-même. La jurisprudence et la doctrine dominante suggèrent de régler ce conflit en application des dispositions du droit transitoire du juge saisi. Ainsi, après l'adoption avec la réforme de 1972 du droit de la filiation introduisant dans le Code civil de nouvelles règles de conflits, ce sont les dispositions de droit transitoire de la loi de 1972 qui ont décidé de l'application dans le temps de ces nouvelles règles de conflit françaises. S'il n'y a pas de dispositions de droit transitoire spécifique ou si la règle de conflit est neutre et indirecte, c'est le droit commun qui est appliqué. L'originalité de la règle de conflit de lois conduit certains à regretter cette solution.

b) Le conflit mobile

Il est plus original encore. Dans cette hypothèse, la règle de conflit est changée car le critère de rattachement (nationalité, domicile) est déplacé par la volonté d'un individu. Le conflit dans le temps n'est plus le résultat de la volonté du législateur mais de celle de l'individu qui modifie le critère de rattachement. Par exemple, une femme française épouse un Américain. Par son mariage, elle change de nationalité. En matière d'état et de capacité des personnes, l'article 3 alinéa 3 du Code civil désigne la loi de la nationalité. Avant son mariage, la loi française s'appliquait ; après son mariage et son changement de nationalité, c'est la loi américaine qui est applicable. En l'espèce, ce n'est pas la règle de conflit qui a changé, mais le critère de rattachement qui a été déplacé par la volonté de la jeune mariée qui a changé de nationalité. Il y a donc conflit mobile chaque fois que la situation juridique, en prolongeant ses effets dans le temps, conduit à un changement de la loi applicable à la suite de la modification de l'élément de rattachement utilisé comme critère de rattachement par la règle de conflit.

Le conflit mobile est donc un confit de loi dans le temps qui n'est pas provoqué par un changement de loi mais par le changement du critère de rattachement. Pour résoudre un tel conflit, il convient de raisonner de la même manière que dans le cadre d'un conflit de loi dans le temps, on applique donc le principe de l'application immédiate du nouveau critère de rattachement en l'aménageant si besoin est. Par conséquent, quand il s'agit d'apprécier les conditions de validité, les sources, l'origine des droits, c'est la loi ancienne qu'il convient d'appliquer ; quand il s'agit d'acquérir de nouveaux droits, c'est la nouvelle loi qu'il faut appliquer. Par exemple, deux Espagnols se marient en 1980. En 1990, ils sont naturalisés Français. Les conditions de validité de leur mariage, antérieures à 1990, dépendent de la loi espagnole. À compter de 1990, les effets personnels du mariage qui dépendent de leur nationalité commune, devenue française, dépendent de la loi française. Par une décision du 3 février 2010 (*n° 08-19.293, F-P+B*), la première chambre sociale de la Cour de cassation a appliqué les principes du conflit mobile à des toiles du peintre Armand déplacées de New York vers la France. Ces toiles, loi du lieu de situation oblige, dépendent du droit français depuis leur déplacement en France.

L'autre particularisme du conflit de lois est de rendre possible l'application de la loi étrangère par le juge ou l'autorité du for.

2 La vocation de la loi étrangère

L'application éventuelle de la loi étrangère est une caractéristique des conflits de lois. Ce dernier existe lorsqu'il y a hésitation entre l'application de la loi du for et de la loi étrangère dans l'hypothèse d'une situation comportant des éléments d'extranéité. Il y a alors un doute sur la loi applicable car il y a concours entre la loi du for et la loi étrangère.

Ce concours est rendu possible par la dissociation entre la compétence juridictionnelle et législative. La détermination du juge compétent ne dépend pas des mêmes règles que celles qui déterminent la loi compétente. La compétence du juge est déterminée par des règles qui tendent vers un but de bonne administration de la justice. La compétence législative est dominée par la recherche de la loi qui, entre autre, présente les points de rattachement les plus étroits avec la situation juridique. Par conséquent, le juge français, compétent au nom de l'organisation de la justice, peut être conduit à appliquer la loi étrangère désignée par la règle de conflit du for pour être la loi qui présente les liens les plus étroits avec la situation internationale.

Cette dissociation connaît des exceptions. Dans certaines matières, le juge ne peut appliquer que sa propre loi, la loi du for : le droit fiscal, le droit administratif, le droit pénal. Ces matières sont souvent proches du droit public. Parfois, en raison du caractère impératif de la matière, le législateur écarte l'éventualité de l'application de la loi étrangère et impose l'application de la loi du for. Il s'agit des lois d'application immédiate ; ces dernières sont une des méthodes de résolution des conflits de loi. La méthode principale reste la méthode indirecte, la méthode des conflits de lois.

La méthode des conflits de lois

CHAPITRE 3

L'originalité de cette méthode repose sur le caractère indirect des règles utilisées pour résoudre les conflits de lois. Elles ne donnent pas de solutions immédiates aux questions posées. Elles permettent seulement de désigner la loi applicable à la situation juridique internationale. Une fois comprise la notion règle de conflit de loi, il convient de préciser le choix de la règle de conflit applicable.

1 La règle de conflit

■ *Problématique*

Exemple

Un couple de touristes français, en vacances en Espagne, a un accident de voiture, à Madrid, avec un Espagnol.

Les questions

Deux lois peuvent trouver à s'appliquer : la loi française en raison de la nationalité des vacanciers et de l'immatriculation, en France, de leur voiture ; la loi espagnole en raison du lieu de survenance de l'accident et de la nationalité espagnole de la victime de l'accident.

Il faut choisir entre ces deux lois sans tomber dans l'arbitraire, c'est-à-dire en recherchant un critère de rattachement qui soit applicable à toutes les situations juridiques internationales similaires. Plusieurs éléments peuvent être retenus : la nationalité des personnes en cause, le lieu de l'accident, l'immatriculation des voitures.

La fonction de la règle de conflit

La règle de conflit opère une localisation ; elle détermine le critère qui semble être le plus adapté pour choisir la loi applicable à cet accident. Cette loi est supposée être celle qui présente les liens les plus étroits avec la situation juridique. Ce n'est pas la réponse aux problèmes de responsabilité qui est recherchée mais la loi qui sera la plus pertinente pour apporter une solution matérielle en matière de responsabilité. Deux lois peuvent être appliquées : la loi française ou la loi espagnole. La règle de conflit permet de résoudre le conflit entre ces deux lois en désignant celle qui présente les liens les plus étroits avec la situation juridique internationale. Cet exemple permet de comprendre les développements qui suivent.

La règle de conflit est l'instrument de résolution des conflits de lois. Elle est originale car elle est distributive de compétences législatives. Pour y parvenir, elle doit localiser la situation juridique internationale. Les procédés de localisation sont donc constitutifs de la règle de conflit permettant de définir le critère de rattachement qui la caractérise.

Exemple

Dans le cas de l'accident des Français en Espagne, la localisation propre à la situation juridique ressort essentiellement du lieu de survenance de l'accident. Il est unique et permet de désigner une loi. La nationalité ou l'immatriculation des véhicules ne permettent pas de trancher le conflit de lois aussi efficacement car dans l'accident sont impliqués des Français et un Espagnol, une voiture immatriculée en France et une autre en Espagne ; le concours entre la loi espagnole et la loi française reste intact. Par conséquent, la localisation qui semble la plus pertinente est celle du lieu de survenance de l'accident. Elle va permettre de définir un critère de rattachement, le lieu de survenance de l'accident, du fait juridique et définir ensuite ***la règle de conflit qui comporte trois éléments*** :

– ***la catégorie juridique : le fait juridique*** (l'accident) ;
– ***le critère de rattachement : lieu de survenance du fait*** ;
– ***la loi désignée : la loi du lieu de survenance du fait juridique*** (de l'accident).

La règle de conflit est ainsi formulée : la loi applicable est la loi du lieu de survenance du fait juridique. Cette règle fait l'objet d'aménagement dans le cadre de la Convention de La Haye du 4 mai 1971 sur la loi applicable en matière de circulation routière.

Le procédé de localisation utilisé dans l'exemple est défini en fonction de la source du rapport juridique ; c'est un des procédés de localisation.

■ *Les procédés de localisation*

a) Le sujet

Le premier procédé de localisation est défini en fonction du sujet. Il concerne les questions relatives au statut personnel. Deux rattachements sont envisageables : la nationalité de la personne ou son domicile. La nationalité est un rattachement durable à un ordre juridique, il est normal qu'elle soit déterminante dans la désignation de la loi applicable à la capacité, à l'état des personnes. Le domicile est caractéristique du centre de gravité des activités de la personne, il peut aussi, à ce titre, régir l'état et la capacité des personnes. De plus en plus souvent, à la notion juridique de domicile est préférée la notion de fait qu'est la résidence comme critère de rattachement.

b) L'objet

Le deuxième procédé de localisation est défini en fonction de l'objet. Il concerne, en général, les questions liées au statut réel. Ce rattachement concerne les questions relatives aux biens, aux droits patrimoniaux. Sont concernés les droits réels, les biens corporels. Pour ces derniers, le rattachement caractéristique est leur lieu de situation matérielle. L'article 3 alinéa 2 du Code civil précise que la loi française est applicable à tous les immeubles situés en France. Ce rattachement est traditionnel. La même règle vaut pour les biens meubles corporels.

c) La source du rapport du droit

Le troisième procédé de rattachement est défini en fonction de la source du rapport de droit (voir l'exemple). Il convient alors de rechercher la loi applicable à l'obligation contractuelle ou délictuelle. En ce qui concerne les actes juridiques, l'influence des contrats est importante ; on distingue la forme et le fond. Pour la forme, le rattachement privilégié est celui du lieu de conclusion de l'acte. En ce qui concerne le fond, le rattachement est original ; il s'agit de la loi d'autonomie. Il convient de distinguer les questions relatives à la capacité juridique des parties (rattachement lié au statut personnel et à la nationalité en droit français) et celles liées à l'acte juridique et à ses effets. Les faits juridiques sont caractérisés par le lieu de leur survenance (voir l'exemple). On privilégie la loi du lieu de survenance du fait juridique.

Ces trois procédés de rattachement favorisent l'apparition de grandes catégories de rattachement propres au droit international privé (statut personnel, biens corporels, actes juridiques, faits juridiques). Elles sont différentes, quant à leur contenu, de celles du droit interne. Elles sont plus larges afin de tenir compte des spécificités des droits étrangers et des procédés de localisation. Le choix de la catégorie juridique est déterminant du choix de la règle de conflit. La composition de la règle de conflit classique est donc la suivante : la catégorie juridique, le critère de rattachement, la loi applicable (voir l'exemple).

La fonction de la règle de conflit est une fonction de distribution de la compétence législative entre des lois en concours en raison du caractère international de la situation juridique. Cette fonction détermine les caractères de la règle de conflit.

■ *Les caractères de la règle de conflit*

Elle semble neutre pour se contenter de localiser les rapports juridiques internationaux. Elle est bilatérale pour désigner indifféremment la loi du for ou la loi étrangère. Elle est indirecte pour ne pas donner de solution matérielle immédiate. Elle est abstraite pour définir des rattachements propres à de larges catégories juridiques.

a) La règle de conflit est neutre

Elle ne devrait pas véhiculer d'autres objectifs que celui de la localisation du rapport de droit par le truchement de points de rattachement adaptés au rapport juridique considéré. Droit de classement : la règle de conflit opère une localisation objective, indépendamment des valeurs sociales de l'État qui l'édicte. Elle n'aborde pas le problème de fond du rapport de droit, mais désigne la loi qui devra apporter une solution. Cette loi est indifféremment la loi du for ou la loi étrangère.

Pourtant, la neutralité de la règle de droit doit être appréhendée avec prudence. La règle de conflit reste intimement liée à l'ordre juridique dont elle émane ; elle privilégie la diffusion des conceptions et valeurs fondamentales de ce dernier. Il y a un lien entre la règle de conflit et la règle interne. Le choix de la règle de conflit est souvent lié à la politique législative du for : entre deux règles de conflits, le choix porte sur celle qui répond aux valeurs sociales de l'ordre juridique du for. En outre, les intérêts internationaux ne peuvent pas être totalement ignorés par la règle de conflit de lois.

La relativité du caractère neutre de la règle de conflit se retrouve dans la variété des techniques de rattachement. La plus classique est celle du rattachement distributif. Une situation juridique internationale est « démembrée » pour dépendre de différentes catégories juridiques et de la règle de conflit qui leur est associée.

Exemple

Louise est française, elle épouse Jim, Américain, à Paris où ils s'installent. Cette situation juridique internationale en comporte en réalité plusieurs et suppose que l'on détermine :

– la loi applicable au mariage : pour ce qui est des conditions de forme (forme des actes juridiques), il convient d'appliquer la loi du lieu de célébration du mariage ; pour ce qui est des conditions de fond, il convient de vérifier la capacité des époux (statut personnel) ;

– la loi applicable à leur régime matrimonial (acte juridique) dépend, à défaut de choix exprès de leur part (art. 3, Convention de La Haye du 14 mars 1978 sur les régimes matrimoniaux), de la loi de leur première résidence après le mariage (art. 4 de la Convention de La Haye).

La détermination de la règle de conflit implique la dissociation des situations juridiques présentant des éléments d'extranéité.

Une situation de droit soulève des questions juridiques distinctes entrant dans différentes catégories juridiques et soumises à des règles de conflits distinctes. ***Le rattachement est souvent distributif***. Il peut être neutre. Ce rattachement est parfois exclusif. Par exemple, dans le cadre d'une succession internationale où le fils, Français, vient à la succession de sa mère, Française, domiciliée en Espagne, la filiation préalablement nécessaire à l'établissement de la vocation successorale dépend exclusivement de la nationalité du fils (statut personnel, loi de la nationalité, art. 3 al. 3, C. civ. et 311-14, C. civ.). Ce rattachement est relativement neutre, il ne s'intéresse pas au contenu de la loi française, désignée comme applicable ; il consacre le rattachement le plus adapté en raison de la constance du rattachement à l'ordre juridique de la nationalité.

1) Le rattachement distributif

Il est distributif dans le sens où il permet de désigner la compétence de la loi de la nationalité au détriment de l'autre loi avec laquelle elle était en conflit (loi espagnole du lieu de domicile de la défunte et loi de la succession). Tout rattachement opère une distribution de compétence entre les lois en conflits. C'est sa fonction même de trancher le conflit de lois. Le rattachement reste neutre lorsqu'il repose sur une localisation objective du rapport de droit, par exemple les rattachements qui reposent sur une localisation matérielle (loi du lieu de situation de l'immeuble). Le rattachement est moins neutre lorsque la règle de conflit se teinte d'une coloration matérielle.

2) Le rattachement alternatif

Le rapport de droit est rattaché alternativement à plusieurs législations, un choix est possible. La neutralité de la règle de conflit est alors mise en cause car, à travers ce choix, on favorise l'efficacité de l'acte ou le succès de la prétention. Cela prouve la faveur faite par la règle de conflit à l'égard de l'acte concerné. Avec ce rattachement, la règle de conflit se rapproche d'une règle matérielle. Elle marque une faveur envers l'acte concerné comme une règle matérielle peut le faire. Il suffit de rappeler le contenu de l'article 311-17 du Code civil : « *La reconnaissance volontaire de paternité ou de maternité est valable si elle a été faite en conformité, soit de la loi personnelle de son auteur, soit de la loi personnelle de l'enfant* » pour constater la volonté de favoriser la validité de la reconnaissance d'un enfant (*Cass. civ. 1re, 14 avril 2010, n° 09-14.335, Bull. civ. I, n° 93*).

3) Le rattachement cumulatif

Il remet également en cause la neutralité de la règle de conflit. En effet, il marque une défiance à l'égard de l'annulation ou de la validité de l'acte juridique concerné. Il rend difficile sa validité en le soumettant simultanément aux exigences de plusieurs législations. L'interprétation *a contrario* faite par la jurisprudence de l'article 311-17 du Code civil en est un exemple. La contestation de reconnaissance doit être possible en application de la loi personnelle de son auteur et de la loi personnelle de l'enfant.

b) La règle de conflit est abstraite

Ce caractère s'explique par sa fonction de classement. Elle ne prend pas en considération le contenu des lois en concurrence, mais tranche leur conflit par un rattachement indifférent à leur teneur pour ne s'intéresser qu'à la localisation du rapport de droit. Cependant, elle n'est pas totalement abstraite et désincarnée dans la mesure où elle défend certaines valeurs du for ou intérêts internationaux. Elle le fait, par essence, de manière médiate ; ce n'est qu'indirectement qu'elle intervient, favorisant la désignation de la loi la plus favorable à ces valeurs. Par exemple, en droit de la famille, l'article 311-17 du Code civil n'est pas totalement abstrait car, indirectement, il permet la désignation de la loi favorable à l'établissement du lien de filiation. Les valeurs sociales sont donc défendues mais indirectement.

c) La règle de conflit est indirecte

Elle a pour but de déterminer la compétence législative ; elle n'apporte donc pas de réponse immédiate au problème de droit qui pose la situation internationale. Instrument de localisation, elle n'apporte pas de réponse substantielle, mais désigne la loi compétente qui, par ses dispositions, apportera cette réponse. Elle est donc par nature indirecte, c'est un raisonnement préalable à la désignation de la loi applicable qui comporte la solution matérielle. Ce caractère se retrouve dans sa structure. Elle ne définit pas des actes ou des faits juridiques mais des questions de droit : état et capacité des personnes, biens corporels, responsabilité délictuelle. Puis elle désigne la loi applicable par l'intermédiaire du critère de rattachement. Par exemple pour l'état et la capacité des personnes, l'article 3 alinéa 3 du Code civil français pose la nationalité comme critère de rattachement. Autre exemple, pour une question de responsabilité délictuelle, le rattachement est le lieu de survenance du dommage.

d) La règle de conflit est bilatérale

La règle de conflit est bilatérale en ce sens qu'elle désigne indifféremment la loi étrangère ou la loi du for. Le critère de rattachement est unique mais au gré des circonstances de fait, il désigne la loi du for ou la loi étrangère.

Exemple

En droit français (tant que le règlement « successions » de l'Union européenne n'est pas encore en vigueur, R (UE) n° 650/2012 du 4 juillet 2012), la succession mobilière d'un défunt dépend du dernier domicile de ce dernier. M. Franck, Français, ne laisse que des biens meubles. Il décède à Rome ; la loi applicable à la succession est celle de son dernier domicile : la loi italienne. M. Livia, Italien, décède dans son dernier domicile à Roquebrune-Cap-Martin, en France, et ne laisse que des biens meubles. La loi applicable à sa succession est la loi de son dernier domicile : la loi française.

Il existe quelques règles de conflit unilatérales ; ces dernières s'abstiennent de désigner la loi étrangère (l'idée est de n'utiliser, pour mieux les respecter. que les rattachements formulés par la loi étrangère pour définir son propre champ d'application en présence d'une situation internationale) pour ne désigner que la loi du for. L'exemple le plus connu en droit français est l'article 309 du Code civil qui énonce : « *Le divorce et la séparation de corps sont régis par la loi française :*

– *lorsque l'un et l'autre sont de nationalité française ;*

– *lorsque les époux ont, l'un et l'autre, leur domicile sur le territoire français* ».

Le troisième alinéa montre la volonté de respecter les rattachements étrangers pour définir le champ d'application de la loi étrangère : « *lorsqu'aucune loi étrangère ne se reconnaît compétente, alors que les tribunaux français sont compétents pour connaître du divorce ou de la séparation de corps* ». Ce texte est remplacé par le règlement (UE) n° 1259/2010 du 20 déc. 2010 mettant en œuvre une coopération renforcée dans le domaine de la loi applicable au divorce et à la séparation de corps pour les divorces postérieurs au 21 juin 2012 dont l'article 5 permet aux époux de choisir le droit applicable à leur divorce (*JOUE, 29 déc. 2010, L. 343, p. 10*).

Les principales règles de conflit en droit français sont :

– en ce qui concerne l'état et la capacité des personnes : la loi de la nationalité (art. 3, al. 3, C. civ.) ;
– en ce qui concerne les biens corporels meubles ou immeubles : la loi du lieu de leur situation ;
– en ce qui concerne les faits juridiques : la loi du lieu de leur survenance ;
– en ce qui concerne la forme des actes juridiques : la loi du lieu de leur passation ;
– en ce qui concerne le fond des actes juridiques : la loi d'autonomie ;
– en ce qui concerne les contrats : l'article 3 de la Convention de Rome sur les obligations contractuelles : la loi d'autonomie ; à compter du 17 décembre 2009, l'article 3 du règlement Rome 1 ;
– en ce qui concerne le PACS : la loi du lieu d'enregistrement (art. 515-7-1, C. civ.) ;
– en ce qui concerne la forme du mariage : la loi du lieu de célébration (sous réserve des articles 171-1 et s., C. civ.) ;
– en ce qui concerne les conditions de fond de la validité du mariage : la loi nationale de chacun des époux ;
– en ce qui concerne le régime matrimonial : l'article 3 de la Convention de La Haye du 14 mars 1978 offre un choix limité aux époux ; l'article 4, dans le silence de ces derniers, marque une préférence pour la loi de la première résidence après le mariage sous réserve de l'article 5 et de l'application, exceptionnelle, de la loi de la nationalité commune des époux ;
– en ce qui concerne les effets du mariage : la loi de la nationalité commune des époux, à défaut celle du domicile commun, à défaut la loi du for ;
– en ce qui concerne le divorce l'article 309 du Code civil, à compter du 21 juin 2012, le règlement Rome III (R (UE) n° 1259/2010 du 20 décembre 2010) ;
– en ce qui concerne les successions mobilières : la loi du dernier domicile du défunt, à compter du 17 août 2015, le Règlement (UE) n° 650/2012 du Parlement européen et du conseil du 4 juillet 2012 en matière de successions (*JOUE, 27 juill. 2012, L. 201, p. 107*) ;
– en ce qui concerne les successions immobilières : la loi du lieu de situation des immeubles, à compter du 17 août 2015, le Règlement (UE) n° 650/2012 du Parlement européen et du conseil du 4 juillet 2012 en matière de successions (*JOUE, 27 juill. 2012, L. 201, p. 107*) ;
– en ce qui concerne la procédure : la loi du for ;
– en ce qui concerne la prescription extinctive : la loi régissant le droit qu'elle affecte (art. 2221, C. civ.) ;
– en ce qui concerne la filiation : art. 311-14 du Code civil : la loi personne de la mère au jour de la naissance de l'enfant, si la mère n'est pas connue, par la loi personnelle de l'enfant ;

– en ce qui concerne la responsabilité délictuelle et quasi-délictuelle : la loi du lieu de survenance du délit ou du quasi-délit (aussi, art. 4 R. (CE) n° 864/2007 du 11 juillet 2007 sur la loi applicable aux obligations non contractuelles (Rome II), *JOUE du 31 juill. 2007, L. 1999, p. 40*).

2 Le choix de la règle de conflit

Une fois comprise la spécificité de la règle de conflit, il convient de s'attacher à sa mise en œuvre. La première étape consiste dans le choix de la règle de conflit. La première question relève du choix du système de la règle de conflit. Cette question réglée, il convient de choisir la règle de conflit pertinente parmi les règles de conflit du for.

■ *Le choix du système juridique*

Le choix du système juridique auquel se rattache la règle de conflit se pose lorsque la situation juridique internationale ne présente aucun lien avec l'ordre juridique du juge saisi.

a) Le principe : l'application de la règle de conflit du for

Ce n'est que par exception que la règle de conflit étrangère s'applique. Le **principe** est donc celui de l'application par les tribunaux saisis de leur propre règle de conflit, **la règle du conflit du for**. Cette solution s'impose dans la mesure où le juge est lié par son système juridique, le juge français doit appliquer les règles de droit françaises dont les règles de conflit de lois. Cependant, la solution pose des difficultés dans certains cas. Si le rapport de droit en cause a été constitué à l'étranger et ne présente que peu ou pas de lien avec le for, l'application de la règle de conflit du for peut sembler arbitraire. Dans ces hypothèses, des critiques ont été formulées. La question de l'application des règles de conflits de l'État présentant les liens les plus étroits avec la situation juridique en cause a été proposée. D'aucuns estiment que le droit international privé de chaque État ne peut se prononcer que sur les situations juridiques qui entrent dans sa sphère d'intérêts. Il conviendrait alors d'appliquer les règles de conflits de l'État concerné. L'obstacle majeur est l'imprévisibilité et l'insécurité juridique qui en découle. La recherche de l'État présentant les liens les plus étroits avec la situation juridique est des plus arbitraires. Le principe de l'application de la règle de conflit du for reste donc acquis.

Certains, à juste titre, estiment que c'est une idée erronée d'envisager un conflit entre les règles de conflits des différents États. Le juge n'applique que le droit international privé du for. Les règles de conflit ne sont pas assimilables aux règles matérielles. Leur rôle est profondément différent. Les règles matérielles apportent une solution substantielle tandis que les règles de conflit réalisent une distribution des compétences entre les lois nationales potentiellement applicables en faveur de la loi qui présente les liens les plus étroits avec la situation juridique internationale. L'essentiel dans la mise en œuvre de la règle de conflit est de respecter les prévisions des parties.

b) L'application exceptionnelle de la règle de conflit étrangère

Elle est pourtant possible dans le cadre du renvoi. Le premier arrêt ayant accepté la pratique du renvoi en droit français est l'arrêt *Forgo* (Civ., 24 juin 1878). Il convient avant tout de comprendre le mécanisme du renvoi. ***Il y a renvoi en cas de conflit négatif de critères de rattachement***. La règle de conflit du for désigne une loi étrangère dont la règle de conflit comporte un autre critère de rattachement que celui du for et, par conséquent, décline sa compétence désignant soit la loi du for (renvoi au premier degré), soit une loi étrangère (renvoi au second degré).

Exemple

M. Primus, Français, décède à Turin, lieu de sa dernière résidence. Il ne laisse que des biens mobiliers. En matière de successions mobilières, la règle de conflit française désigne la loi du dernier domicile du défunt, à savoir la loi italienne. Cependant, la loi italienne consacre dans sa règle de conflit un critère de rattachement différent du critère français. Le rattachement italien est la nationalité du défunt. Ainsi, la règle de conflit italienne désigne la loi de la nationalité du défunt, la loi française. On est en présence d'un conflit négatif de critères de rattachement car aucune des lois concernées (loi française et loi italienne) ne se reconnaît compétente. Or il convient pourtant de déterminer la loi applicable à la succession de M. Primus. Pour désigner cette loi, il est possible d'accepter le renvoi au premier degré que réalise le droit Italien. Dès lors, sur désignation de la règle de conflit italienne, la loi française s'applique à la succession de M. Primus.

En acceptant le renvoi, le droit français accepte d'écarter son propre critère de rattachement au bénéfice du critère de rattachement étranger. Cependant, il ne le fait que dans la mesure où dans une première étape du raisonnement, la règle de conflit française avait désigné comme compétente la loi étrangère dans sa globalité (règles de conflit de lois et règles substantielles).

Le renvoi au premier degré est le plus courant (voir l'exemple). Il est consacré par l'arrêt *Forgo* (préc.). Il a toujours été confirmé depuis. En droit des successions, le jeu d'un renvoi est consacré pour permettre de soumettre le règlement d'une succession internationale par une seule et même loi (*Ballestro, Cass. civ. 1re, 21 mars 2000 ; Bull. civ. I, n° 96 ; Wildenstein, Cass. civ. 1re, 20 juin 2006 ; Bull. civ. I, n° 321*). Il est de nouveau confirmé par un arrêt de la première chambre civile de la Cour de cassation du 23 juin 2010, dans cette décision, le renvoi concerne également la compétence du juge (*n° 09-11.901*). ***Le renvoi au second degré*** est reconnu depuis 1963 avec l'arrêt *Patino* (*15 mai 1963*). Il y a renvoi au second degré lorsque la règle de conflit du for désigne une loi applicable dont la règle de conflit désigne non pas la loi du for, mais une troisième loi qui accepte sa compétence. D'après le professeur Batiffol, le renvoi assure la coordination entre les différents systèmes de droit international privé. Il est un expédient utile et permet de désigner la loi applicable. La jurisprudence utilise la notion de renvoi fonctionnel en précisant en matière de succession immobilière que le renvoi joue dans la mesure où il permet de désigner une seule loi applicable à la masse successorale (*Cass. civ. 1re, 23 juin 2010, n° 09-11. 901*).

Le domaine du renvoi est de plus en plus restreint. Les Conventions de La Haye désignent la loi interne applicable, en écartant les règles de conflit de la loi compétente, elles n'en désignent que le droit substantiel et rendent impossible le renvoi. Certaines règles de conflit, notamment les règles de conflit unilatérales comme l'article 309 du Code civil, rendent techniquement impossible le renvoi. En effet, elles ne désignent que la loi du for. La loi d'autonomie est également exclusive de renvoi par nature. En matière de filiation, depuis la réforme de 1972, le renvoi est écarté par la jurisprudence française pour protéger la politique législative française.

L'application de principe de la règle de conflit du for ne résout pas tous les problèmes car il faut, dans le système juridique du for, choisir la règle de conflit à mettre en œuvre.

■ *Le choix entre les règles de conflit du for*

a) La qualification

Choisir la règle de conflit suppose que l'on ait préalablement déterminé à quelle catégorie juridique du for se rattache le rapport de droit international.

Exemple

Un testament olographe est rédigé en France par un étranger. À son décès, la validité de ce testament est mise en cause. Pour le droit français, la validité du testament olographe n'est qu'une question de forme. Pour le droit national de l'étranger, le testament olographe est une question de fond car il convient de veiller à la protection du consentement de l'auteur du testament. Ce classement dans une catégorie juridique ou une autre est essentiel car il est déterminant du choix de la règle de conflit. En effet, si la validité du testament olographe est une question de forme de l'acte juridique, la règle de conflit désigne la loi du lieu de passation de l'acte. Si la validité du testament olographe est une question de fond, la règle de conflit désigne la loi de la nationalité du rédacteur pour tenir compte de sa capacité et son statut personnel.

Ce problème est celui de la ***qualification*** en droit international privé. Il met en évidence les conflits de qualification entre l'ordre juridique du for et l'ordre juridique étranger. Dans l'exemple, la qualification française, question de forme, est différente de celle du droit étranger, question de fond. Le choix entre l'une ou l'autre des qualifications est le préalable au classement du rapport litigieux dans l'une ou l'autre catégorie. Les deux ordres juridiques sont respectables et ont autant de raison d'imposer leur qualification respective, ce qui rend difficile la détermination du critère justifiant le choix. ***La qualification est donc un préalable au choix de la règle de conflit. Elle suppose une réflexion sur l'adéquation du rattachement envisagé puisqu'il s'agit d'interpréter et de choisir la règle de conflit. La qualification est la détermination du sens et des éléments de la règle de conflit***. Cette qualification en droit international privé est originale car elle implique l'interprétation de la règle de conflit, parce qu'elle exprime un conflit de qualification entre le système juridique du for et le système étranger, parce que l'ordre juridique du for doit parfois qualifier des institutions inconnues du for (ex. : le trust).

Le problème de la qualification a été posé en jurisprudence à travers trois arrêts essentiels.

Le premier est appelé ***la quarte du conjoint pauvre*** (*arrêt Bartholo, Cour d'appel d'Alger, 24 décembre 1889*). Deux conjoints anglo-maltais, mariés à Malte, s'étaient installés en Algérie où le mari avait acquis des immeubles. À sa mort, se posait la question du statut du conjoint survivant. La veuve en application du droit anglo-maltais faisait valoir la quarte du conjoint pauvre qui lui donnait droit à un quart en usufruit sur les propres de son mari défunt. La quarte du conjoint pauvre, institution inconnue du droit français, entrait-elle dans la catégorie des régimes matrimoniaux ou celle des successions ? Quelle est la loi qui doit opérer cette qualification, la loi française ou la loi anglo-maltaise ?

Le second cas est dénommé ***le testament olographe du Hollandais*** (voir l'exemple). Ce dernier rédige en France un testament olographe valable en droit français. À son décès, la validité du testament est remise en cause par les héritiers au motif que la loi hollandaise de l'époque interdisait de tester en la forme olographe afin de protéger l'intégrité du consentement du testateur. La validité du testament olographe est-elle une question de forme, dépendant du lieu de passation de l'acte, ou une question de fond, protectrice du consentement, et dépendant de la loi personnelle du testateur ? Quelle est la loi qui doit opérer la qualification, la loi française ou la loi hollandaise ? La réponse à ces questions est déterminante de l'identification de la règle de conflit.

Le troisième arrêt dénommé ***Caraslanis*** apporte la réponse aux interrogations soulevées par la qualification primaire.

b) La réponse : la qualification *lege fori*

La réponse aux questions posées est apportée par l'arrêt ***Caraslanis*** (*Civ. 1re, 22 juin 1955*). En 1931, M. Caraslanis, grec, avait épousé en France une Française. Une procédure de divorce avait été ultérieurement engagée par l'épouse devant les tribunaux français. L'époux avait formé une demande reconventionnelle et prétendait que le mariage était nul faute d'avoir été célébré religieusement comme l'exigeait le droit grec de l'époque. Selon le droit grec, la célébration civile ou religieuse du mariage est une question de fond supposant l'application de la loi nationale des époux. Selon le droit français, il s'agit d'une question de forme dépendant de la loi du lieu de célébration du mariage. Question de fond ou de forme, quelle est la loi compétente pour répondre à cette question ? La Cour de cassation répond : la question de la qualification doit être tranchée par la loi des juges saisis (qualification *lege fori*). Par conséquent, en l'espèce, elle dépend du droit français qui voit une question de forme soumise à la loi du lieu de célébration du mariage, la loi française qui confirme la validité du mariage.

Les critiques formulées à l'encontre de la qualification *lege fori* sont connues. Cette solution est dénoncée comme étant irrationnelle et arbitraire. En effet, on ne respecte pas les qualifications opérées par la loi étrangère potentiellement applicable. Ensuite, il est regrettable que la qualification dépende du choix du tribunal saisi. Cette solution est isolationniste, elle consacre l'impossibilité de parvenir à une unification des règles de conflit.

Pourtant, la qualification *lege fori* est justifiée. Elle s'impose car elle est indispensable à l'identification de la règle de conflit du for. Elle est le préalable au choix de la règle de conflit du for ; ainsi cette démarche intellectuelle se fait en une seule opération. La question ne se pose que dans l'ordre juridique du for puisqu'en réalité on recherche le domaine d'application de la règle de conflit du for. Le conflit entre la loi étrangère et la loi du for n'est pas encore résolu et ne peut l'être que par la règle de conflit du for dont la connaissance dépend de la qualification préalable. Le raisonnement juridique comporte les étapes suivantes :

- d'abord, dans l'ordre juridique du for, l'identification de la règle de conflit du for par la qualification préalable si elle est nécessaire ;
- ensuite, toujours dans l'ordre juridique du for, la mise en œuvre de la règle de conflit ;
- enfin la désignation, par la règle de conflit du for, de la loi applicable au rapport de droit en cause.

Il n'est pas totalement exact de prétendre que la loi étrangère éventuellement applicable n'est pas respectée dans ses propres qualifications. En effet, « l'État étranger caractérise ses règles ; l'État du for les classe » (Raape). En d'autres termes, plus imagés, la qualification consiste à « placer l'étoffe juridique étrangère dans les tiroirs du système national » (Melchior). Ces textes montrent qu'il y a deux temps dans l'opération de qualification :

– une première phase d'analyse qui tient compte des caractéristiques de la loi étrangère éventuellement applicable ;
– une seconde phase de classement qui consiste à classer dans les catégories du for en ne tenant compte que des critères de classement caractéristique de ce dernier.

c) Les limites de la qualification *lege fori*

La qualification *lege fori* connaît des limites, elle ne se conçoit que dans le cadre de l'identification de la règle du conflit du for. La loi étrangère retrouve son empire lorsqu'elle est d'ores et déjà désignée comme compétente par la règle de conflit du for, c'est le cas en présence d'une qualification de la règle de conflit étrangère dans le cadre du renvoi.

Exemple

Un Français décède à Berlin, lieu de son dernier domicile. Il laisse des biens mobiliers et des parts sociales de SCI d'un immeuble situé en Allemagne. Dans ce pays, les parts sociales sont qualifiées de biens immeubles alors qu'en France elles sont qualifiées de biens meubles. Le juge saisi est le juge allemand, juge du lieu du domicile du défunt. Ce dernier met en œuvre la règle de conflit du for qui est alors la règle de conflit allemande. Cette dernière, en matière de succession, désigne la loi de la nationalité du défunt. Elle désigne donc la loi française. Or, la règle de conflit française consacre des rattachements différents : une succession mobilière est soumise à la loi du dernier domicile du défunt, une succession immobilière est soumise à la loi du lieu de situation de l'immeuble. En application des qualifications françaises, la succession, mobilière, dépend de la loi allemande du dernier domicile. En application des qualifications allemandes, la succession est partiellement immobilière puisque les parts sociales de sel sont immobilières. Deux questions se posent :

– les parts sociales de la SCI sont-elles mobilières selon le droit français ou immobilières selon le droit allemand ?

– selon quelle loi faut-il qualifier ?

La règle de conflit allemande a désigné la loi française en tant que loi étrangère applicable. Par conséquent, il s'agit, dans le cadre du renvoi, d'appliquer, pour le juge allemand, la règle de conflit étrangère, française. Le système juridique étant d'ores et déjà désigné comme compétent, il convient de qualifier selon la loi française, c'est-à-dire du point de vue allemand, selon la loi étrangère. La qualification française conduit à considérer les parts sociales de société comme des biens mobiliers. La succession au regard du droit français est mobilière et la règle de conflit française opère un renvoi en désignant le droit allemand puisque le dernier domicile du défunt est situé à Berlin, en Allemagne.

La qualification en application de la loi étrangère s'impose également lorsqu'il s'agit de la mettre en œuvre après désignation par la règle de conflit du for. C'est l'hypothèse de l'arrêt *Dufresnes* (*Civ. 1re, 21 avril 1959*). Dufresnes, résistant pendant la Seconde Guerre mondiale, est déporté sur dénonciation de sa femme dans un camp allemand. Il y trouve la mort après avoir appris que sa femme était à l'origine de son arrestation. Il avait déshérité sa femme par un testament oral passé devant ses compagnons d'infortune. Sa veuve réclamant la succession se trouve confrontée aux témoignages des codétenus de son mari qui font état du testament oral. Le juge français ne rencontre pas de difficulté de qualification, la validité du testament oral est une question de forme qui dépend de la loi du lieu de passation de l'acte, c'est-à-dire la loi allemande. Par conséquent, la loi applicable est la loi allemande. Le problème de qualification propre à cette loi est celui de la prise en considération des dispositions d'exception prises pour valider les actes passés en camp de concentration. Cette qualification dépend entièrement de la loi étrangère compétente, la loi allemande.

En présence de traités internationaux et de règles de conflits conventionnelles, la qualification dépend alors du traité ; au besoin, il conviendra de rechercher une interprétation de ce dernier.

La mise en œuvre de la règle de conflit du for conduit soit à la désignation de la loi du for, soit à la désignation de la loi étrangère. L'application de cette dernière soulève de nombreuses difficultés.

L'application de la loi désignée par la règle de conflit

Chapitre 4

Une fois désignée par la règle de conflit du for, l'application de la loi étrangère pose bien des questions. Les premières relèvent du régime procédural de la loi étrangère, les secondes relèvent de l'éviction éventuelle de la loi étrangère.

1 Le régime procédural

Deux aspects retiennent l'attention :

– l'autorité de la règle de conflit à l'égard du juge et des parties ;

– la preuve de la loi étrangère.

■ *L'autorité de la règle de conflit à l'égard du juge et des parties*

L'évolution jurisprudentielle en la matière a été remarquable. La rupture se situe en 1988, date d'un revirement important opéré par la Cour de cassation.

La première étape est celle de la jurisprudence Bisbal (*Cass. civ. 1re, 12 mai 1959*) qui posait le principe suivant : « les règles françaises de conflits de lois, en tant du moins qu'elles prescrivent l'application d'une loi étrangère, n'ont pas un caractère d'ordre public, en ce sens qu'il appartient aux parties d'en réclamer l'application et qu'on ne peut reprocher aux juges du fond de ne pas appliquer d'office la loi étrangère, et de faire, en ce cas, appel à la loi interne française, laquelle a vocation à régir tous les rapports de droit privé ». Il est complété par l'arrêt *Compagnie Algérienne de Crédit et de banque* (*Cass. civ. 1re, 2 mars 1960*) : « Il est loisible au juge de procéder lui-même à la recherche et de préciser les dispositions du droit étranger compétentes ». Le principe était l'application facultative de la loi étrangère. Les critiques de la doctrine étaient vives, elles sont sans doute à l'origine du revirement de 1988.

La deuxième étape est celle du revirement de 1988. Deux arrêts, *Rebouh* (*Civ. 1re, 11 octobre 1988*) et *Schule* (*Cass. civ. 1re, 18 octobre 1988*), sont interprétés par la doctrine comme constitutifs du revirement total appelé de ses vœux mais que l'évolution ultérieure de la jurisprudence nuance.

L'arrêt *Rebouh* est relatif au statut personnel. Les juges du fond avaient débouté, en application de la loi française, une mère algérienne qui avait entamé une action en recherche de paternité contre le père prétendu de l'enfant, algérien lui aussi, car aucun des cas d'ouverture de l'action en recherche en paternité tels que définis par l'article 340 du Code civil français avant la réforme de 1993 n'était vérifié. La Cour de cassation censure la décision des juges du fond en ces termes : « en se déterminant ainsi sans rechercher d'office quelle suite devait être donnée à l'action en application de la loi algérienne, la cour d'appel a violé les textes susvisés » (art. 340, C. civ. et 12, al. 1, CPC). La règle de conflit à mettre en œuvre par les juges du fond était l'article 311-14 du Code civil, règle bilatérale classique qui désigne la loi personnelle de la mère, ici la loi algérienne, pour établir la filiation d'un enfant.

L'arrêt *Schule* concernait la nullité d'une libéralité réalisée dans le cadre d'une succession mobilière. Un Suisse, domicilié en Suisse, avait consenti une donation déguisée à sa maîtresse, Mme Schule. À son décès, sa fille, découvrant la donation déguisée, agit en nullité de la libéralité. Les juges du fond lui donnent gain de cause, ils sont censurés par la Cour de cassation en ces termes : « le juge doit trancher le litige conformément aux règles de droit qui lui sont applicables... en se déterminant ainsi sans rechercher au besoin d'office quelle suite devait être donnée à l'action de Mme... en application de la loi helvétique ». La décision semblait exemplaire car la règle de conflit mise en œuvre dans le cadre d'une succession mobilière (loi du dernier domicile du défunt, la Suisse) était une règle de conflit bilatérale d'origine jurisprudentielle.

Entre l'effet d'annonce (*Cass. civ. 1re, 9 mars 1983, 25 novembre 1986, 25 mai 1987*) et l'effet de répétition, tout portait à croire au revirement total consacrant l'application d'office de la règle de conflit désignant la loi étrangère.

La troisième étape de l'évolution jurisprudentielle date de 1990 avec l'arrêt Coveco.

La Cour de cassation vient tempérer le revirement. La première chambre civile, le 4 décembre 1990, affirme que « les parties, particulièrement la société Coveco, n'ont pas invoqué sur ce point d'autres lois que celles spécialement tirées du droit français, en une matière qui n'était soumise à aucune convention internationale et où la société Coveco avait la libre disposition de ses droits ». La Cour de cassation en n'appliquant pas la jurisprudence de 1988 laisse entendre que dès lors qu'il n'y a pas de convention internationale applicable et que les parties ont la libre disposition de leur droit, la jurisprudence *Bisbal* se maintient. Dans une affaire *Sarkis* (*Cass. civ. 1re, 10 décembre 1991, Bull. civ., n° 346*), la Cour de cassation confirme cette solution en reprenant textuellement la formule de l'arrêt *Coveco*. Un autre arrêt, *AgoraSopha*, reprend la différence faite par la jurisprudence entre les droits disponibles et les droits indisponibles.

La quatrième étape de l'évolution jurisprudentielle 26 mai 1999, la nature des droits.

La référence à l'existence d'un traité disparaît dans deux autres décisions en 1999 (*Cass. civ. 1re, deux arrêts, 26 mai 1999*). ***L'autorité de la règle de conflit est donc différente en présence de droits indisponibles et de droits disponibles***. Le **critère**, désormais **unique**, est celui de la nature des droits litigieux. **L'application d'office de la règle de conflit est de principe en présence de droits indisponibles.** Si les parties ont la libre disposition de leurs droits, le principe ne vaut plus même en présence d'une règle de conflit conventionnelle. Le critère unique de la libre disponibilité des droits est confirmé par une jurisprudence constante (*par exemple : Cass. civ. 1re, 9 janvier 2008, 11 février 2009, 11 mars 2009, 4 juin 2009, 1er juin 2011*). Dans le cadre de procédures de divorce, la Cour de cassation affine encore sa jurisprudence en distinguant entre la rupture du lien conjugal qui met en jeu des droits indisponibles et les conséquences pécuniaires du divorce, notamment la prestation compensatoire qui relèvent de la libre disposition des droits (*Cass. civ. 1re, 11 mars 2009, n° 08-15. 348 et 08-13.431*). Les conséquences de cette distinction entre droits indisponibles et droits disponibles sont loin d'être négligeables tant en ce qui concerne l'autorité de la règle de conflit vis-à-vis du juge que vis-à-vis des parties.

a) L'autorité de la règle de conflit à l'égard du juge

Deux hypothèses doivent être distinguées.

La première est celle de ***l'indisponibilité des droits*** ; le juge doit faire application d'office de la règle de conflit. La Cour de cassation doit rappeler ce principe régulièrement. Par une décision du 6 mars 2013 (*Cass. civ. 1re, 6 mars 2013, n° 11-23.174*) l'application d'office de la loi étrangère – en l'espèce, la loi algérienne, loi de la nationalité de l'un des époux pour vérifier son intention matrimoniale et par suite la nullité ou non du mariage avec une française – est posée avec autorité : « il incombe au juge français, pour les droits indisponibles, de mettre en œuvre la règle de conflit de lois et de rechercher le droit désigné par cette dernière ». Cette solution est conforme à l'office du juge ; ce dernier doit trancher le litige conformément aux règles de droit applicables au litige (art. 12, al. 1, CPC). Cette obligation implique que le juge doit relever d'office les éléments d'extranéité qui figurent dans le dossier, même si les parties les passent sous silence, car ces derniers commandent l'application de la règle de conflit. L'élément d'extranéité se voit doté d'un statut particulier, il « n'est pas un fait comme les autres dans la mesure où dépend de lui non l'application de telle ou telle règle de droit considérée isolément mais par le truchement de la règle de conflit l'ensemble des normes » (*Y. Lequette, chron. RC 1989, p. 298*). La nouvelle jurisprudence permet de placer sur un même plan la loi étrangère et la loi du for lors de leur désignation dans les matières indisponibles. Cependant, la Cour de cassation a introduit un aménagement sur le fondement de la **théorie de l'équivalence**. Si la loi désignée par la règle de conflit et la loi effectivement appliquée par le juge entraînent les mêmes conséquences juridiques, la solution est justifiée.

La seconde hypothèse est celle de ***la libre disposition de leurs droits par les parties***, quelle que soit l'origine de la règle de conflit, le juge n'est pas soumis à l'obligation de l'appliquer d'office (la question qui se pose est celle de la présence implicite d'un accord procédural). En application de la jurisprudence *Bisbal*, Cie algérienne de crédit (préc.), il lui est loisible ou non d'appliquer la règle de conflit désignant la loi étrangère.

Dès lors que le juge applique d'office la règle de conflit, il doit respecter le principe du contradictoire (art. 16, al. 3, CPC).

Les dernières évolutions jurisprudentielles consacrent une confusion entre le caractère disponible des droits et la mission du juge. Or la libre disponibilité des droits ne concerne que les parties et fixe à leur égard la force obligatoire de la loi. À l'égard du juge, la règle de droit est toujours obligatoire qu'elle soit impérative ou supplétive de volonté. Ce n'est pas parce que les parties peuvent écarter une règle supplétive que le juge ne doit pas être tenu de mettre en œuvre cette règle supplétive dans le silence des parties. Ces solutions jettent la confusion sur le rôle exact que doit jouer l'accord procédural.

b) L'autorité de la règle de conflit à l'égard des parties

En ce qui concerne l'autorité de la règle de conflit vis-à-vis des parties, la question qui se pose est celle de savoir si les parties peuvent écarter l'application de la règle de conflit. La réponse dépend encore une fois de la nature des droits litigieux. Dans l'hypothèse de ***droits indisponibles***, elles ne peuvent pas empêcher l'application d'office de la règle de conflit par le juge (Jurisprudence *Rebouh et Schule*). Cette solution est confirmée par la Cour de cassation par une jurisprudence constante. La logique semble respectée : les règles de droit doivent être appliquées par le juge et, lorsqu'elles sont impératives, elles s'imposent aux parties, il revient au juge de relever au besoin d'office les éléments d'extranéité.

Dans l'hypothèse où les parties ont la libre disposition de leurs droits, le caractère supplétif de la règle de droit leur ouvre l'application de l'article 12 alinéa 3 du Code de procédure civile. Conformément à la jurisprudence *Bisbal*, leur silence sur les éléments d'extranéité peut suffire pour écarter l'application de la règle de conflit désignant la loi étrangère. La cohérence du droit voudrait que le juge à défaut de volonté exprès des parties applique la règle de droit. Le retour à la jurisprudence antérieure implique qu'il est loisible au juge d'appliquer la règle de conflit

(Cie algérienne de crédit, préc.). Cette possibilité donne tout son intérêt à l'accord procédural. Ce dernier ne peut intervenir que dans la mesure où les parties ont la libre disposition de leurs droits.

L'accord procédural dépend de l'article 12 alinéa 3 du Code de procédure civile qui énonce : « *les parties, en vertu d'un accord exprès et pour les droits dont elles ont la libre disposition, l'ont lié [le juge] par les qualifications et points de droit auxquels elles entendent limiter le débat* ». Par cet accord, les parties, ayant la libre disposition de leurs droits, peuvent écarter la règle de conflit française ou conventionnelle. L'accord procédural doit être distingué de l'accord de fond qui, lui, porte sur le choix de la loi applicable et est constitutif d'une règle de conflit en matière contractuelle (la loi d'autonomie). L'accord procédural dépend de la libre disponibilité des droits et il n'a pour objet que le litige en cours ; l'accord de fond se fonde sur la loi d'autonomie qui vaut dans les relations contractuelles et désigne la loi applicable au contrat.

Le premier arrêt important reconnaissant un rôle à l'accord procédural dans le cadre de l'application de la loi étrangère est l'arrêt *Roho c/Caron* (*Civ. 1re, 19 avril 1988*). Un accident de la route est à l'origine de l'affaire : M. Caron roulait en moto sur la route de Djibouti lorsqu'il est entré en collision avec le véhicule de M. Roho en effectuant le dépassement de la voiture. M. Caron, gravement blessé, demande réparation du préjudice subi à M. Roho sur le fondement des articles 1382 et 1384 alinéa 1 du Code civil français. Condamné par les juges du fond, M. Roho se pourvoit en cassation et fait valoir les arguments suivants :

- la Convention de La Haye de 1971 était applicable et elle désignait la loi interne de l'État du lieu de survenance de l'accident comme étant compétente ;
- la règle de conflit étant conventionnelle, le juge devait l'appliquer d'office ;
- la loi française ne trouvait à s'appliquer qu'en cas de défaillance de la loi étrangère.

La Cour de cassation en visant expressément l'article 12 alinéa 3 du Code de procédure civile rejette le pourvoi en ces termes : « pour les droits dont les parties ont la libre disposition, celles-ci peuvent demander l'application d'une loi différente de celle désignée par la convention internationale... la cour d'appel, qui a relevé que les parties françaises réclamaient expressément l'application de leur loi nationale a, en vertu de l'article 12 alinéa 3 du Code de procédure civile, qui interdit au juge de changer le fondement juridique de la demande lorsque les parties l'ont lié par un accord exprès... fait à bon droit application de la loi française à la responsabilité extra-contractuelle ». La même exigence d'un accord exprès se retrouve dans un arrêt *De Baar* du 14 octobre 1989. La Cour de cassation casse la décision de la Cour d'appel de Montpellier en prenant soin de préciser : « à défaut d'accord exprès des parties, la loi applicable à la vente, qui régit la validité et la portée des clauses d'exclusion de garantie doit s'appliquer ». La Cour fait donc une réserve en faveur de l'accord procédural en matière contractuelle après qu'elle l'ait reconnu en matière de responsabilité extra-contractuelle. L'arrêt *Hannover* (*Civ. 1re, 6 mai 1997,*

Hannover International) consacre l'application de l'accord procédural. La Cour de cassation rappelle que « ... pour les droits dont elles ont la libre disposition, les parties peuvent s'accorder sur l'application de la loi française du for malgré l'existence d'une convention internationale ou d'une clause contractuelle désignant la loi compétente... un tel accord peut résulter des conclusions des parties invoquant une autre loi que celle qui est désignée par un traité ou un contrat ». Cet arrêt reconnaît que l'accord procédural peut être implicite en droit international privé. La Cour précise qu'un tel accord peut résulter des conclusions des parties qui n'invoquent que la loi du for. En droit interne, l'accord pour être licite doit nécessairement être exprès. Les critiques ne manquent pas. L'accord procédural ne doit pas être dénaturé en permettant au juge de ne pas appliquer d'office la règle de conflit parce que les parties ne l'évoquent pas dans leur conclusion. La souplesse de l'accord implicite est confirmée par l'arrêt *Karllbold* (*Civ. 1re, 1er juillet 1997*). La Cour de cassation énonce « ... pour les droits dont les parties ont la libre disposition, elles peuvent s'accorder pour demander l'application de la loi française du for malgré l'existence d'une convention internationale désignant la loi compétente... un tel accord peut résulter des conclusions des parties invoquant une loi autre que celle qui est désignée par le traité ». Dans les deux affaires, *Hannover* et *Karl Ibold*, la Cour de cassation confirme la licéité de l'accord procédural en présence d'une convention internationale. Elle fixe la seule condition à la validité de l'accord : avoir la libre disposition des droits. L'accord n'a pas besoin d'être exprès et la Cour de cassation dans les deux arrêts ne fait plus référence à l'article 12 alinéa 3 du Code de procédure civile. Ces solutions sont confirmées par l'arrêt *Mutuelle du Mans* (*Cass. civ. 1re, 26 mai 1999, n° 96-16.361*). L'accord procédural tacite peut concerner l'application de la Convention de Rome comme le suggère l'arrêt de la première chambre civile de la Cour de cassation du 28 février 2006 (*Cass. civ. 1re, 28 février 2006, n° 03-14.058*) alors que le principe demeure de l'application d'office de la Convention de Rome (*Cass. com., 7 mars 2006, n° 04-13.358*). Dans les deux cas, la Cour de cassation accepte la désignation de la loi française du for. Cette jurisprudence est confirmée en 2009 (*Cass. civ. 1re, 11 mars 2009, n° 08-13.341*) s'agissant du montant de la prestation compensatoire entre deux époux Marocains. On peut se poser la question de savoir si par un accord procédural elle accepterait la désignation de la loi étrangère. La jurisprudence semble adapter la notion d'accord procédural au besoin du droit international privé. Désormais, il ne semble plus soumis qu'à une condition de fond, les parties doivent avoir la libre disposition de leurs droits. Cette approche est reprise par l'article 7 du règlement 4/2009 du 18 décembre 2008 relatif à la compétence, la loi applicable, la reconnaissance et l'exécution des décisions et la coopération en matière d'obligations alimentaires. En revanche, l'article 20 *bis*, 2, du règlement Bruxelles II *bis* écarte l'accord procédural tacite dans le cadre du choix de la loi applicable au divorce des époux. Ce nouveau statut de la loi étrangère n'est pas sans incidence sur la charge de la preuve de la loi étrangère car le régime de la preuve dépend directement de l'autorité de la règle de conflit.

■ *La preuve de la loi étrangère*

Le juge supporte une présomption de connaissance de la loi ; cette dernière vise la loi française mais pas la loi étrangère ce qui donne toute son originalité à la preuve de la loi étrangère.

a) La charge de la preuve de la loi étrangère

Cette question est intimement liée à celle de l'applicabilité de la loi étrangère. La logique veut que lorsque les parties ont la libre disposition de leurs droits, il leur revienne d'établir le contenu de la loi étrangère. En revanche, lorsque les parties n'ont pas la libre disposition de leurs droits et que le juge doit appliquer d'office la règle de conflit et la loi étrangère, ce dernier doit rechercher lui-même le contenu du droit étranger. L'évolution de la jurisprudence est notable en matière de charge de la preuve ; il faut en marquer les étapes.

1) Étape n° 1

Dans un premier temps, les arrêts *Lautour* (1948) et *Thinet* (1984) énonçaient que la charge de la preuve reposait sur la partie dont la prétention est soumise à la loi étrangère. Ce n'était donc pas la partie qui invoquait la loi étrangère qui supportait la charge de la preuve. Les parties étaient chargées d'apporter la preuve de la loi étrangère ce qui ravalait cette dernière au rang de fait juridique.

2) Étape n° 2

Dans un deuxième temps, en parallèle avec l'évolution postérieure à 1988, la jurisprudence a changé. Elle conduit à tenter de distinguer deux hypothèses.

- PREMIÈRE HYPOTHÈSE : LES PARTIES ONT LA LIBRE DISPOSITION DE LEURS DROITS

L'arrêt *Masson* (*Cass. civ. 1re, 5 nov. 1997*) précisait qu'« il incombe à la partie qui prétend qu'un contrat est soumis à la loi étrangère d'établir le contenu de la loi étrangère ». Il définissait en même temps la sanction ; en cas d'absence de preuve de la loi étrangère, le juge revient à l'application de la loi du for applicable à titre subsidiaire. Par conséquent, lorsque les parties avaient la libre disposition de leurs droits, il leur revenait d'établir la teneur de la loi étrangère.

La solution était celle de l'arrêt du 5 décembre 1995 (*Préservatrice foncière, Cass. civ. 1re, 5 déc 1995*) si les parties ont la libre disposition de leurs droits, c'est à la partie qui prétend que le contenu de la loi étrangère est différent de celui de la loi du for d'en apporter la preuve. Si le juge décide, de son propre chef, de mettre en œuvre la règle de conflit de loi désignant la loi étrangère, il doit en assurer la mise en œuvre y compris avec la collaboration des parties (*Cass. civ. 1re, 27 janvier 1998*).

Une question demeurait : si une des parties invoquait la loi étrangère, le juge était-il obligé d'en rechercher la teneur ? La jurisprudence manquait de clarté.

- DEUXIÈME HYPOTHÈSE, LES PARTIES N'ONT PAS LA LIBRE DISPOSITION DE LEURS DROITS

La logique veut que le juge supporte la charge de la preuve. Laisser la charge de la preuve aux parties revient à leur offrir l'opportunité d'éviter l'application de la loi étrangère en n'en rapportant pas la preuve. Toute l'évolution jurisprudentielle réalisée depuis 1988 serait inutile.

La jurisprudence énonçait que le juge devait rechercher le contenu de la loi étrangère (*Civ. 1re, 26 mai 1999*). L'arrêt *Driss* (*Civ. 1re, 1er juillet 1997*) concernait le divorce de deux époux marocains. Les parties n'avaient pas la libre disposition de leurs droits et la Cour de cassation affirme que « l'application de la loi étrangère désignée pour régir les droits dont les parties n'ont pas la fibre disposition impose au juge français de rechercher la teneur de cette loi ». Cette solution a été reprise dans l'affaire *Lavazza* (*Civ. 1re, 24 novembre 1998, préc.*) et dans un arrêt du 26 mai 1999 et un autre du 22 octobre 2002. La Cour de cassation semble élargir le domaine d'application de cette obligation puisque dans une décision du 19 octobre 1999, elle affirmait que le juge qui doit faire application même indirectement de la loi étrangère doit en rechercher la teneur. La portée de cette obligation devait être appréciée avec prudence. Il semblait qu'il s'agisse d'une obligation de moyen. La Cour de cassation rappelait l'obligation du juge dans un arrêt du 16 novembre 2004 (*Civ. 1re, 16 novembre 2004*) en précisant qu'il doit « rechercher y compris avec la coopération des parties, la solution donnée à la question litigieuse par le droit étranger ». Le juge, comme le suggérait l'ensemble de la doctrine, pouvait demander la coopération des parties. Il dispose d'un certain nombre de moyens dans ce domaine. Notamment, il peut ordonner des mesures d'instruction (art. 10, CPC). La difficulté tient dans la sanction. Obligation de moyen oblige, en cas d'échec, le juge devrait revenir à la loi du for.

3) Étape n° 3

Dans une troisième étape, la jurisprudence a mis en place un système unitaire. La première chambre civile et la chambre commerciale de la Cour de cassation dans deux décisions rendues le 28 juin 2005 posent le principe suivant : « il incombe au juge français qui reconnaît applicable un droit étranger, d'en rechercher, soit d'office, soit à la demande d'une partie qui l'invoque, la teneur, avec le concours des parties et personnellement s'il y a lieu, et de donner à la question litigieuse une solution conforme au droit positif étranger ». L'état du droit positif est clarifié et la jurisprudence semble constante (*Cass. civ. 1re, 11 février 2009, n° 07-13.088*). Que les parties aient ou pas la libre disposition de leur droit, qu'elles invoquent ou pas le droit étranger, que le juge soit tenu ou libre d'appliquer la règle de conflit et la loi étrangère, la solution est unique en matière de preuve de la loi étrangère : le juge doit, éventuellement avec l'aide des parties, rechercher le contenu du droit étranger. En présence de droits indisponibles, la Cour de cassation précise les obligations pesant sur le juge : il doit mettre en œuvre, au besoin d'office la règle de conflit de loi et ***il doit rechercher, au besoin avec le concours des parties, la teneur du droit étranger applicable*** (*Cass. civ. 1re, 15 février 2012, n° 11-13.746, 28 mars 2012, n° 11-18.549, 19 déc. 2012, n° 11-26.094*). Si les droits sont disponibles, la Cour pose le même principe, à propos d'actions en contrefaçon, dès lors que l'une des parties se prévaut de l'application de la loi étrangère (*dernièrement Cass. civ. 1re, 22 mars 2012, n° 09-68.067, Bull I n° 61 et 21 nov. 2012, n° 11-24.724*). Le juge est investi d'un rôle moteur dans la recherche du contenu du droit étranger. Ainsi en ce qui concerne l'application de la loi étrangère, le juge est lié par trois obligations :

– premièrement, lorsque le juge applique le droit étranger, il doit le faire avec précision et sous contrôle de la Cour de cassation (*Cass. civ. 1re, 6 février 2007*), il doit rechercher la teneur de la loi étrangère, au besoin avec le concours des parties (*Cass. civ 1re, 15 février 2012 et 21 nov. 2012*) ;
– deuxièmement, si le juge considère que le droit étranger est équivalent au droit français, il doit l'établir avec précision (*Cass. civ. 1re, 23 janvier 2007*) ;
– troisièmement, s'il s'avère impossible de connaître le contenu de la loi étrangère, il est possible de faire une application subsidiaire du droit français (*Cass. 1re civ., 8 janv. 1991, n° 89-14179 : Bull. civ. I, n° 8* ; *Cass. civ. 1re, 21 novembre 2006*).

Dans tous les cas de figure, la question des moyens de preuve se pose.

b) Les moyens de preuve

Le principe est celui de la liberté de la preuve. La doctrine reste divisée sur la question de savoir si cela conduit à assimiler la loi étrangère à un fait. Le juge n'est pas lié par les différents modes de preuve utilisés par les parties. Le plus souvent, les parties ont recours aux ***certificats de coutume***. Il s'agit d'une attestation écrite sur la teneur du droit étranger. Il est rédigé en fonction des besoins de la situation donnée. Il peut émaner des autorités officielles (ambassades, consulats, autorités religieuses, etc.) ou des autorités semi-officielles (chambres de commerce), sources privées (avocats, notaires, banquiers universitaires...). Ils sont traduits à la demande du plaideur. Il convient d'être prudent dans leur utilisation particulièrement lorsqu'ils ont pour origine des juristes privés qui risquent d'être partie prenante dans le litige. La preuve de la teneur de la loi étrangère peut également être rapportée en ayant recours à ce que l'on appelle des documents généraux ; il s'agit des textes de lois traduits pour les besoins du litige, de décisions judiciaires ou encore d'ouvrages de doctrine.

Le juge peut recourir à la ***Convention de Londres du 7 juin 1968*** applicable en France depuis le 11 octobre 1972. Cette convention lie un grand nombre d'États du Conseil de l'Europe. En principe, elle permet à l'autorité judiciaire d'un État, en matière civile ou commerciale, d'obtenir de l'autorité judiciaire d'un autre État une réponse précise et impartiale sur l'état du droit étranger concernant la matière qui l'intéresse. La lourdeur et la lenteur de la procédure organisée par la convention entrave la mise en œuvre de la convention, elle est très peu utilisée.

c) La sanction en cas d'absence de preuve de la loi étrangère

Elle est aussi directement liée au statut de la règle de confit. Si le contenu de la loi étrangère n'est pas rapporté, le principe introduit par l'arrêt *Thinet* est celui de l'application subsidiaire de la loi du for en cas de défaillance du contenu général de la loi étrangère. Il est maintenu par la jurisprudence actuelle.

Le fondement d'une telle solution tient dans l'article 4 du Code civil qui interdit le déni de justice ; le juge a l'obligation de statuer et la loi du for a une compétence subsidiaire générale. Une autre justification est donnée, la loi du for se substituerait à la loi étrangère en vertu d'une présomption de similitude entre les deux lois ; on évoque une présomption d'équivalence. Cette sanction permet à la partie qui supporte la charge de la preuve de faire le choix de ne pas la rapporter afin de revenir à l'application subsidiaire de la loi du for.

Cette solution est-elle la seule sanction ? Le rejet de la demande à défaut de preuve de la teneur de la loi étrangère est envisageable. Quand les parties ont la libre disposition de leurs droits, elles peuvent choisir de ne pas appliquer la loi étrangère si une des parties en décide autrement ; elle aura tout intérêt à apporter la preuve de la teneur de la loi étrangère. Quand les parties n'ont pas la libre disposition de leurs droits, la recherche de la teneur de la loi étrangère revient au juge ; si ses recherches sont vaines, il n'est pas choquant de revenir à l'application subsidiaire de la loi du for. Le plus souvent, le juge demandera le concours des parties pour connaître la loi étrangère. Or l'article 11 du Code de procédure civile lui permet de sanctionner la carence des parties sollicitées par un rejet de la demande. Il semble que ce soit la seule solution en cas de mauvaise foi manifeste des parties. On ne serait plus très loin de la solution consacrée par la jurisprudence *Lautour-Thinet*.

■ *L'interprétation par les juges du fond de la loi étrangère*

Le principe reste inchangé ; en dépit de l'évolution jurisprudentielle sur l'applicabilité de la loi étrangère, la Cour de cassation refuse d'exercer un contrôle sur l'interprétation de la loi étrangère.

Plusieurs raisons expliquent le maintien de cette solution. La Cour de cassation doit assurer l'unité d'application du droit français, pas celle du droit étranger. En outre, elle ne dispose pas des moyens de contrôler la mise en œuvre du droit étranger. Cependant la Cour de cassation ne se désintéresse pas totalement du sort de la loi étrangère par une jurisprudence constante, elle définit les conditions de la cassation pour dénaturation de la loi étrangère.

L'arrêt fondateur est l'arrêt *Montefiore* (*Cass. civ. 1re, 21 nov. 1961*) ; il pose pour la première fois le principe suivant : « doit être cassé l'arrêt qui méconnaît et dénature le sens clair et précis d'un document législatif étranger versé aux débats ». Depuis la Cour de cassation, par plusieurs décisions (*Cass. soc., 10 mai 1972 à propos de la dénaturation de la loi marocaine ; Cass. civ. 1re, 2 février 1982 pour la dénaturation de la loi allemande ; Cass. civ. 1re, 19 mars 1991 ; Cass. civ. 1re, 17 mai 1993 et 16 juin 1993, 1er juill. 1997, Africa Tours c/Diop ; Cass. civ. 1re, 16 mars 1999 ; Cass. civ. 1re, 22 octobre 2007, n° 07-14.934, pour la dénaturation de la loi du Bénin*) a précisé les conditions de ce contrôle. La méconnaissance d'une disposition claire et précise de la loi étrangère est une condition posée dès 1961. L'arrêt du 16 mars 1999 semble vouloir étendre cette condition à la jurisprudence étrangère. Il en résulte que le contrôle assure seulement la conformité de l'interprétation avec le contenu réel du droit étranger (pris dans sa globalité) y compris le droit coutumier (*Cass. civ. 1re, 22 octobre 2008*). La cassation pour dénaturation peut également concerner un document provenant d'une autorité étrangère (à propos de l'attestation du « department of registar of companies » de Chypre pour l'immatriculation d'une société, *Cass. civ. 1re, 12 oct. 2012, n° 10-18.423*).

Un autre contrôle, celui des motifs, est précieux ; il permet de vérifier si les juges du fond ont recherché la teneur de la loi étrangère quand ils en avaient l'obligation, ont examiné les documents invoqués par les parties, ont répondu sur un moyen précis tiré de la loi étrangère, enfin si les juges ont bien justifié leur interprétation de la loi (*Cass. civ. 1re, 6 février 2007, 23 janvier 2007, 21 novembre 2006*). Ce double contrôle corrobore l'évolution de la jurisprudence qui implique que la loi étrangère ne puisse plus être complètement assimilée à un fait.

Tableau récapitulatif sur le statut procédural de la loi étrangère

Loi étrangère	Office du juge	Les parties	La preuve et l'application de la loi étrangère
Droits disponibles (ex. matière contractuelle, détermination du montant de la prestation compensatoire)	Non-application d'office de la loi étrangère désignée par la règle de conflit française (*Bisbal, Cie algérienne de crédit)*	Libres d'invoquer au non la loi étrangère Accord procédural possible	Jurisprudence définissant un régime unitaire depuis 2005 : le juge, seul ou avec l'aide des parties, recherche la teneur de la loi étrangère
Droits non disponibles (ex. divorce, filiation, succession)	Application d'office de la loi étrangère désignée par la règle de conflit française (*revirement de jurisprudence 1990*) en se servant des éléments d'extranéité apparents dans le dossier	Impossible d'évincer la loi étrangère même en la passant sous silence Pas d'accord procédural	Le juge doit donner une solution conforme au droit positif étranger (double contrôle de la Cour de cassation – dénaturation de la loi étrangère – contrôle des motifs pour assurer l'application d'office de la loi étrangère En cas d'impossibilité d'établir le contenu de la loi étrangère : application subsidiaire de la loi du for (droit français))

2 L'éviction de la loi étrangère

En principe, une fois la loi étrangère désignée par la règle de conflit, le juge doit en faire application. Toutefois cette obligation n'est pas absolue. Par un réflexe de défense de l'ordre juridique national, le juge français peut prononcer l'éviction de la loi étrangère. Cette éviction prend deux formes :

- premièrement si l'application du droit étranger semble trop choquante au juge français, il peut l'évincer au nom de l'ordre public ;
- deuxièmement le juge français peut écarter le droit désigné par la règle de conflit en cas de fraude à la loi.

Il s'agit des deux correctifs à l'application de la loi étrangère.

■ *L'ordre public*

Il est un mécanisme perturbateur du jeu normal des conflits de lois. Il peut intervenir dans toutes les matières à titre de correctif exceptionnel à la suite de l'incompatibilité de la solution donnée par la loi étrangère avec les conceptions fondamentales de l'ordre juridique du for. L'ordre public est une sorte d'exception générale accompagnant toutes les règles de conflit. Avant d'envisager ses effets et sa portée, il convient de tenter de cerner la notion d'ordre public.

a) La notion d'ordre public en matière de conflits de lois

C'est une notion dualiste, il faut distinguer l'ordre public international et l'ordre public interne. L'ordre public international est spécifique car il répond aux exigences des relations internationales. Par conséquent, il est plus souple, moins rigoureux, moins exigeant que l'ordre public interne. Pourtant, il existe une indéniable corrélation entre l'ordre public international et interne. La difficulté de trouver une définition à l'ordre public vient du fait qu'il n'y a pas de critère prédéterminé permettant de savoir si le mécanisme d'éviction de l'ordre public va ou non se déclencher. En effet, ***l'ordre public s'apprécie in concreto***, au cas par cas. Lorsque le juge du for applique la loi étrangère à l'espèce, il constate l'incompatibilité avec l'ordre juridique du for. Il ne peut donc pas exister de critère prédéterminé pour anticiper l'application de l'ordre public. L'opportunité de déclencher ou non l'ordre public s'apprécie à l'instant de la décision puisque c'est l'application concrète de la loi étrangère à l'espèce qui déclenche le jeu de l'ordre public. Une analyse de la jurisprudence permet cependant d'envisager les hypothèses où l'ordre public se déclenche le plus souvent.

La première hypothèse est celle du défaut de communauté juridique. Les règles concernées sont celles qui se rattachent à des grands principes de civilisation (principes moraux, politiques, sociaux, ou économiques). Il est possible de citer en exemple la liberté matrimoniale, l'égalité civile, la reconnaissance de la propriété, la force obligatoire des engagements librement souscrits, etc. L'arrêt *Lautour* du 25 mai 1948 tente de donner une définition en ces termes « les principes de justice universelle considérée par l'opinion française comme douée de valeur internationale absolue ». Par une série d'arrêts du 17 février 2004, la première chambre civile de la Cour de cassation « semble définitivement verrouiller la porte aux répudiations musulmanes » (*Cass. civ. 1re, 17 février 2004*) en précisant que la décision constatant une répudiation unilatérale du mari est contraire au principe d'égalité des époux lors de la dissolution du mariage reconnu par l'article 5 du Protocole 7 de la CEDH que la France s'est engagée à garantir à toute personne relevant de sa juridiction. Une telle répudiation est donc contraire à l'ordre public international réservé par la convention franco-algérienne du 27 août 1967. La position est encore confirmée dans une décision du 14 mars 2012 (*Cass. civ. 1re, 14 mars 2012, n° 11-11.896*). L'absence de versement d'une allocation à une épouse après divorce en application de la loi marocaine est contraire à l'ordre public (*Cass. civ. 1re, 28 novembre 2006*). Il n'en demeure pas moins que la cour d'appel doit mener une analyse précise du contenu de la loi étrangère pour apprécier dans quelle mesure elle viole l'ordre public, ainsi elle doit préciser et analyser les termes de la loi marocaine concernant la prestation compensatoire dans le divorce avant de décider de son éviction au nom de l'ordre public (*Cass. civ. 1re, 13 fév. 201,3 n° 11-28.259*). Plus généralement, les discriminations homme/femme sont contraires à l'ordre public français. La gestation pour autrui est jugée contraire à l'ordre public international français car elle heurte des principes essentiels du droit français. Ainsi se trouve justifié le refus de transcription d'un acte de naissance établi en exécution d'une décision étrangère (*Cass. civ. 1re, 6 avril 2011, 3 arrêts ; n° 09-66.486, 10-19.053, 09-17.130, FP-P++B+R +I*). En revanche, le fait que la loi allemande ne confère pas au sous-traitant une action directe contre le maître de l'ouvrage n'est pas contraire à l'ordre public (*Cass. civ. 1re, 23 janvier 2007*). Par un arrêt du 14 octobre 2009 (*Cass. civ. 1re, 14 oct. 2009, n° 08-16.369*), la Cour de cassation affirme que l'*anti suit injonction* (institution de la *common law* qui tend à interdire à un plaideur de saisir une juridiction autre que celle désignée par les parties) n'est pas contraire à l'ordre public international français dès lors que les conventions de droit communautaire ne sont pas concernées et qu'il vise à sanctionner la violation d'une obligation contractuelle préexistante. En ce qui concerne les dommages-intérêts punitifs, la Cour de cassation précise qu'ils ne sont pas contraires à l'ordre public dès lors qu'ils ne sont pas disproportionnés (*Cass. civ. 1re, 1er déc. 2010, n °09-13. 303, FS-P +B+R+I*).

La deuxième hypothèse d'intervention de l'ordre public est plus moderne, elle est intimement liée à la politique législative du for et à sa sauvegarde. On en trouve des exemples en droit de la filiation avant la loi de 1972 ; à l'époque, la France était hostile aux actions en recherche de paternité naturelle. Inversement, aujourd'hui, est considérée contraire à l'ordre public français, la loi étrangère qui prive un enfant de son droit d'établir sa filiation paternelle (*Cass. civ. 1re, 26 oct. 2011, n° 09-71.369*).

Une troisième hypothèse d'intervention d'ordre public s'attache au respect des dispositions de la Convention européenne des droits de l'homme. Ainsi, à propos d'un testament conjonctif qui posait comme condition la conversion des bénéficiaires à la religion juive, la Cour de cassation a conclu à la violation de l'ordre public à travers l'atteinte aux articles 8 et 9 de la CEDH protégeant le respect de la vie familiale et la liberté religieuse (*Cass. civ. 1re, 21 nov. 2012, n° 10-17.365*).

Les caractères de l'ordre public sont au nombre de trois :

– il est ***national***, différent de l'ordre public interne ; l'ordre public international est le garant des valeurs nationales ;
– il est ***relatif***, c'est-à-dire actuel. Il est variable dans le temps ; ce qui est inacceptable pour la France à un moment donné peut ne plus l'être ultérieurement (ex. : le problème du divorce par consentement mutuel ou encore l'action en recherche de paternité naturelle). Il est apprécié tel qu'il existe au moment où le juge statue effectivement sur l'application de la loi étrangère ;
– il est ***spécifique***, il n'a pas la même nature que l'ordre public interne. L'ordre public international est un ordre public d'exception, il ne prescrit rien, à la différence de l'ordre public interne. Il est moins exigeant que l'ordre public interne. Certains aspects du droit sont formellement proscrits en droit interne, par exemple la prescription de clauses valeur-or, et sont acceptés voir recommandés dans l'ordre international (*ex. : Arrêt Messageries-Maritimes, Cass. civ., 27 juin 1950*).

b) Les effets de l'ordre public

Il convient d'envisager deux questions successivement :

– la variabilité des effets de l'ordre public ;
– son double effet, en cas de déclenchement de l'ordre public.

La variabilité de l'ordre public a été consacrée par l'arrêt *Rivière* (*Cass. civ. 1re, 17 avril 1953*) qui distingue l'effet plein et l'effet atténué de l'ordre public. « La réaction à l'encontre d'une disposition contraire à l'ordre public n'est pas la même suivant qu'elle met obstacle à l'acquisition de droit en France ou suivant qu'il s'agit de laisser produire en France les effets d'un droit acquis, sans fraude, à l'étranger et en conformité de la loi ayant compétence en vertu du droit international privé français ». L'ordre public est plus exigeant lorsqu'il s'agit d'apprécier l'acquisition de droit en France. Par l'expression « acquisition de droits en France », il faut comprendre toutes les situations qui se constituent en France, par un acte privé ou public, par une décision de l'autorité publique. L'ordre public connaît une rigueur atténuée lorsqu'il s'agit d'apprécier des droits régulièrement acquis à l'étranger, par acte privé, public. La distinction de l'arrêt *Rivière* est reprise mot pour mot dans l'arrêt *Chemouni* du 28 janvier 1958.

En cas de déclenchement de l'ordre public, ce dernier produit ***un double effet***. Le premier est un ***effet négatif*** : l'éviction de la loi étrangère. Le second effet est un ***effet positif*** destiné, en cas de besoin, à combler le vide laissé par l'éviction de la loi étrangère. Il s'agit de l'effet de substitution en faveur de la loi du for. La loi française remplace la loi étrangère dans toute la mesure où son application est indispensable, mais seulement dans cette mesure. Cependant un souci de cohérence de la solution peut conduire à étendre le domaine de l'application de la loi française.

Un exemple de cette hypothèse est fourni par l'affaire *Patino* (*Cass. civ., 1re, 15 mai 1963*). L'ordre public français s'oppose au maintien forcé du lien matrimonial, or la combinaison de la loi espagnole, qui ignore le divorce et ne connaît que la séparation de corps, et la loi bolivienne, qui ne connaît que le divorce, empêchaient les époux Patino de se séparer. Après déclenchement de l'ordre public, la loi française vient organiser la séparation de corps des Patino ; pour la cohérence de la solution, le droit français est également appelé à liquider leur régime matrimonial.

L'ordre public peut s'exprimer différemment ; par exemple, la Cour de cassation, dans une décision du 17 décembre 2008, a estimé qu'il justifiait l'action du Ministère public en nullité des énonciations sur les actes de l'état civil transcrivant une filiation issue d'une convention de mère porteuse.

■ *La fraude à la loi*

En droit international privé, il y a fraude à la loi quand il y a déplacement volontaire du facteur de rattachement en vue de substituer une loi applicable à une autre. Cette manœuvre peut affecter tous les rattachements : nationalité, domicile, résidence, situation d'un meuble, lieu d'accomplissement d'un acte juridique. Les rattachements impossibles à déplacer, lieu de situation de l'immeuble, sont exclus ! La fraude à la loi se caractérise par des éléments constitutifs et par sa sanction.

a) Les éléments constitutifs de la fraude à la loi

L'arrêt fondateur est l'affaire *Princesse de Beauffremont*, 11 mars 1878. La princesse, française, voulait divorcer de son premier mari pour épouser un autre homme. Le divorce, élément du statut personnel, dépend de la loi de la nationalité de la princesse. À l'époque, la France ne reconnaissait pas le divorce ; la princesse a donc changé de nationalité pour divorcer et ensuite se remarier. Les faits de l'arrêt montrent que, dans la fraude, il y a manipulation du critère de rattachement afin de se voir appliquer la loi la plus favorable à des intérêts personnels. Les juges français ont considéré que le changement de nationalité était intervenu en fraude de la loi française et l'ont déclaré inopposable en France. Par conséquent, le divorce et le remariage n'étaient pas valables en France.

Les ***deux éléments constitutifs*** sont donc ***l'utilisation de la règle de conflit***, d'une part, et ***l'intention frauduleuse*** d'échapper aux dispositions impératives de la loi fraudée, d'autre part. La manipulation de la règle de conflit est l'élément matériel de la fraude. L'attitude des parties est toujours la même, elles connaissent les règles de conflit et pour voir désigner la loi qui leur est la plus favorable, elles manipulent le facteur de rattachement en le déplaçant réellement ou fictivement. On peut également citer en exemple l'affaire *Caron*. Le père, pour déshériter sa fille des biens immeubles situés en France, crée des SCI et leur affecte les parts sociales représentatives de la propriété sur les immeubles ; il fraude ainsi le droit français sur la réserve héréditaire. L'intention frauduleuse est le second élément constitutif, il dépend de l'appréciation souveraine des juges du fond. Il faut établir des actes, des circonstances volontaires pour frauder la loi normalement applicable. Il existe donc un problème de preuve de l'intention frauduleuse dont l'enjeu est la différence entre la fraude et le conflit mobile. Il faut trouver des éléments objectifs et souvent on s'appuie sur le défaut d'effectivité du changement de facteur de rattachement. Plus récemment, la conversion à l'Islam pour prendre une seconde épouse a été sanctionnée (*Cass. civ. 1re, 24 septembre 2002*).

La fraude à la loi étrangère est désormais reconnue alors que pendant longtemps le droit français ne la reconnaissait pas. La jurisprudence élargit la définition de la fraude à la loi en affirmant qu'il s'agit de protéger la loi normalement compétente.

b) La sanction de la fraude à la loi

La sanction en cas de fraude avérée consiste dans l'inopposabilité des actes frauduleux.

PARTIE 2

Les conflits de juridictions

Chapitre 5	La compétence directe	65
Chapitre 6	La compétence indirecte, les effets des jugements étrangers	91

Ces conflits ne tendent plus à régler le problème de la détermination de la loi applicable mais ceux de la détermination du juge compétent que ce soit en matière gracieuse ou contentieuse. Deux aspects caractérisent les conflits de juridictions :

– la compétence directe d'une part : cette dernière pose des règles permettant de désigner le juge compétent ;
– la compétence indirecte d'autre part, qui pose les règles de reconnaissance et d'exécution des décisions rendues par un for étranger.

La compétence directe

CHAPITRE
5

La compétence des tribunaux français dans les litiges internationaux n'est pas reconnue par un texte général, Pourtant, les tribunaux internes restent d'autant plus compétents que la dimension internationale du litige ne lui enlève pas son caractère privé et que sa nature juridique n'est pas affectée par les éléments d'extranéité. Il y a une relative indépendance entre les règles de compétences juridictionnelles et les règles de compétence législative. Elles ne répondent pas à la même logique et ne poursuivent pas les mêmes finalités. La compétence judiciaire reste soumise au principe de bonne administration de la justice que le litige présente ou pas des éléments d'extranéité. La matière a fait l'objet de nombreux traités et règlements communautaires car il est essentiel de déterminer le tribunal compétent.

1 La compétence de droit commun

Il s'agit de l'étude de la compétence des tribunaux français dans des affaires présentant des éléments d'extranéité en l'absence de toutes conventions internationales. En droit commun français, deux compétences distinctes doivent être étudiées : la compétence ordinaire et la compétence privilégiée.

■ *Les règles de compétence ordinaire*

Les tribunaux français sont compétents même si les parties au litige sont des étrangers. Il suffit d'un lien de rattachement avec la France pour que les tribunaux français se reconnaissent compétents. Les deux grands principes qui gouvernent la compétence directe ordinaire se résument ainsi : l'extranéité des parties n'est pas une cause d'incompétence des juridictions françaises (principe n° 1) et pour déterminer la juridiction compétente, il suffit d'étendre à l'ordre international les règles internes de compétence territoriale (principe n° 2).

a) La compétence des juridictions françaises en dépit de l'extranéité

L'extranéité des parties n'est pas une cause d'incompétence des juridictions françaises. Cette solution a été reconnue et posée comme un principe par l'arrêt *Patino* du 21 juin 1948. Elle est confirmée par l'arrêt *Scheffel* du 30 octobre 1962 qui reprend la formule mot pour mot : l'extranéité des parties n'est pas une cause d'incompétence des juridictions françaises. Ce principe posé, il fallait trouver une règle permettant de déterminer la juridiction compétente. La solution, déjà évoquée dans un arrêt antérieur, l'arrêt *Pelassa* du 19 octobre 1959, consiste dans l'extension à l'ordre international des règles de compétence interne.

b) L'extension à l'ordre international des règles internes de compétence territoriales

La règle se justifie par le fait que les questions de compétence internationale peuvent être assimilées aux problèmes de compétence territoriale interne. L'affirmation emporte l'adhésion lorsque l'on rappelle que les règles de compétence internes ont pour objet de localiser les relations juridiques quant à la juridiction compétente. Les principes gouvernant les règles de compétence internes peuvent aisément être transposés à l'ordre international. Il s'agit du souci de d'utilité et d'efficacité pour les parties et du souci d'une bonne administration de la justice.

L'assimilation doit cependant être nuancée. En effet, les enjeux de la compétence internationale sont particuliers. L'hésitation entre la compétence d'un tribunal français et d'un tribunal étranger présente des enjeux plus importants que l'hésitation entre la compétence de deux juridictions françaises. Le choix du for est déterminant dans la désignation de la loi applicable, dans l'application des règles de procédure. La meilleure preuve de l'importance des enjeux est l'existence du *forum shopping*. Il s'y ajoute des intérêts pratiques non négligeables : il est plus difficile de plaider hors de son pays en application de règles de procédure différentes, dans une langue étrangère, les frais sont multipliés (toutefois, plaider à l'étranger peut également présenter un intérêt pour les justiciables). La transposition reste pourtant la meilleure solution, à défaut d'existence de règles internationales spécifiques.

Pour la France, la solution consiste donc en la transposition des règles posées par les articles 42 à 48 du Code de procédure civile. Ainsi pour que les juridictions françaises se reconnaissent compétentes et appliquent les règles du Code de procédure civile, il faut et il suffit qu'un élément de rattachement soit situé en France ou qu'aucun juge ne se considère compétent. Les tribunaux français sont alors compétents afin d'éviter un déni de justice. Cet élément de rattachement confère la compétence générale, c'est-à-dire la compétence des juridictions françaises dans leur ensemble. Cette compétence générale acquise, il convient de déterminer la compétence spéciale grâce à la transposition des règles de compétence territoriales interne à l'ordre international. Ainsi, l'article 42 du Code de procédure civile permet de reconnaître la compétence du tribunal du domicile du défendeur si ce dernier est installé en France. En matière de successions, le tribunal compétent est celui du dernier domicile du défunt, ou la compétence du lieu de situation d'un immeuble successoral. En matière de divorce, l'article 1070 du Code de procédure civile pose des règles de compétence hiérarchisée qui sont transposées dans l'ordre international. Le tribunal territorialement compétent est le tribunal du lieu où se trouve la résidence de la famille ; si les époux ont des résidences distinctes, le tribunal compétent est celui du lieu où réside celui des époux avec lequel habitent les enfants mineurs ; dans les autres cas, le tribunal compétent est celui du lieu où réside l'époux qui n'a pas pris l'initiative de la demande, etc. Ce texte dans l'ordre interne pose des règles de compétence exclusives. Cette exclusivité disparaît lors de sa transposition à l'ordre international (*Simitch, 6 fév. 1985*). Cette disposition témoigne donc du fait que la transposition n'est pas rigide, la dimension internationale de l'affaire peut entraîner une adaptation des règles françaises lors de leur transposition. Cette disposition est devenue secondaire car elle est supplantée dans l'Union européenne par l'application du règlement n° 2201/2003, dit Bruxelles II *bis*, relatif à la compétence, la reconnaissance et l'exécution des décisions en matière matrimoniale et en matière de responsabilité parentale. Il subsiste une compétence résiduelle lorsqu'aucune juridiction d'un État membre n'est compétente pour prononcer le divorce en application des articles 3, 4 et 5 du règlement communautaire. Les articles 1070 et 14 du Code de procédure civile trouvent alors à s'appliquer. L'article 14 permet de donner compétence à la juridiction française dès lors que le demandeur a la nationalité française (*Cass. civ. 1re, 30 septembre 2009, n° 08-19.793*). Comme le rappelle la Cour de cassation : « en l'absence de traité international ou de règlement communautaire applicable, comme en l'absence de renonciation, la nationalité française... » suffit à fonder la compétence d'une juridiction française (*Cass. civ. 1re, 26 oct. 2011, n° 10-23.567*).

Le cas le plus caractéristique est celui de l'article 48 du Code de procédure civile relatif à la prorogation de compétence. En droit français, ces clauses sont prohibées sauf si elles sont passées entre commerçants. Par une décision du 17 décembre 1985 la première chambre civile de la Cour de cassation adapte le texte aux besoins internationaux et affirme « les clauses prorogeant la compétence internationale sont licites dès lors qu'il s'agit d'un litige international ». Les adaptations ne manquent pas, elles peuvent également concerner les conditions d'exception d'incompétence du tribunal qui sont également étendues à l'ordre international. En la matière, la jurisprudence a assoupli les conditions du droit interne, il suffit que la partie précise de quel État dépend la juridiction compétente (*Com., 17 mars 1998*). En revanche, la chambre sociale de la Cour de cassation par une décision du 29 septembre 2010 précise que les clauses attributives de juridiction insérées dans un contrat de travail sont exclues, les règles de compétence du Code du travail sont impératives même dans l'ordre international (*n° 09-40.688*).

L'exception de listipendance est reçue devant le juge français en application du droit français si une juridiction étrangère a été saisie préalablement du litige (*Cass. civ. 1re, 26 novembre 1974, Société Miniera di Fragne*). L'exception de litispendance ne peut être accueillie que si la décision à intervenir à l'étranger est susceptible d'être reconnue en France (*Cass. civ. 1re, 23 février 2011, n° 10-14.101, F-P + B+ I; Cass. com., 19 février 2013, n° 11-28.846*).

L'exception de connexité est prise en considération avec plus de réserve encore car elle implique que la juridiction française laisse le soin de régler une question de droit posée au juge français en raison de sa connexité avec le litige soumis au juge étranger. Pourtant, la Cour de cassation reconnaît que le juge français peut se dessaisir (*Cass. civ. 1re, 22 juin 1999*).

La compétence ordinaire ne donne pas un reflet complet des règles de droit commun, elle doit être complétée par l'étude des règles de compétence privilégiée.

■ La compétence privilégiée

Elle repose tout entière sur la condition de la possession de la nationalité française de l'une ou l'autre des parties à l'instance. Cette condition, en l'absence de convention, est le facteur de déclenchement de la mise en œuvre éventuelle des articles 14 et 15 du Code civil qui posent les règles de compétence privilégiée.

Saisie d'une demande de transmission d'une question prioritaire de constitutionnalité concernant le privilège de juridiction, la Cour de cassation n'a pas transmis la question car elle ne l'a pas jugée sérieuse (*Cass. civ. 1re, QPC 29 février 2012, n° 11-40.101*). L'article 14 du Code civil ne porte pas atteinte au principe d'égalité et au droit au procès équitable car il ne consacre pas une compétence exclusive, mais subsidiaire, son exercice est laissé à la faculté des parties puisqu'elles peuvent y renoncer. Il ne fait pas obstacle au jeu de l'exception de litispendance internationale et il ne peut pas être opposé à la reconnaissance d'un jugement étranger régulier. Par cette décision de non-renvoi de la QPC, la Cour de cassation rappelle les caractéristiques du privilège de juridiction. Cette compétence privilégiée doit être étudiée en trois points :

- les conditions de la mise en œuvre des articles 14 et 15 ;
- les caractères des articles 14 et 15 ;
- les effets des articles 14 et 15 du Code civil.

a) Les conditions d'application des articles 14 et 15 du Code civil

La mise en œuvre de ces articles implique que le litige concerne au moins une partie de nationalité française. L'article 14 vise l'hypothèse où le demandeur est français, l'article 15 celle où le défendeur est français. Cette compétence est indépendante de tout autre lien avec l'ordre juridique français. Ce privilège de juridiction fait l'objet de forte critique ; il est exclu dès lors qu'un traité concernant la compétence juridictionnelle est négocié, signé et ratifié. La condition unique et fondamentale est celle d'être français au moment de l'introduction de l'instance. Cette condition est nécessaire et suffisante.

b) Les caractères des articles 14 et 15 du Code civil

Ils sont au nombre de trois : la subsidiarité, le caractère facultatif, l'absence d'exclusivité.

1) La subsidiarité

Le principe est posé par l'arrêt *Orliac* du 19 novembre 1985. L'attendu principal de la Cour de cassation est explicite : « l'article 14 du Code civil... n'a lieu de s'appliquer que lorsqu'aucun critère de compétence territoriale n'est réalisé en France ». La démarche est simple : le juge, avant de faire application du privilège de juridiction, doit vérifier si aucune règle ordinaire de compétence ne donne compétence à une juridiction française. Cette solution cantonne utilement une disposition dérogatoire du droit commun. Ce caractère subsidiaire est rappelé par la Cour de cassation. Dès lors qu'une société est française (siège social et statutaire à Paris) que la juridiction étrangère désignée par une clause attributive de juridiction décline sa compétence, qu'aucune juridiction étrangère n'est saisie en application du droit commun, les juridictions françaises sont compétentes en application de l'article 14 du Code civil (*Cass. civ. 1re, 30 septembre 2009, n° 08-17.587*).

2) Le caractère facultatif

Ce caractère est renforcé par la jurisprudence récente. En ce qui concerne l'article 14, l'arrêt *Banque de développement local c/Fercométal* énonce que l'article 14 « n'ouvre au demandeur français qu'une simple faculté, et n'édicte pas à son profit une compétence impérative, exclusive de la compétence indirecte d'un tribunal étranger déjà saisi et dont le choix n'est pas frauduleux » (*Cass. civ. 1re, 22 mai 2007*). En ce qui concerne l'article 15, l'arrêt *Prieur* du 23 mai 2006 précise que cet article « ne consacre qu'une compétence facultative de la juridiction française, impropre à exclure la compétence indirecte d'un tribunal étranger, dès lors que le litige se rattache de manière caractérisée à l'État dont la juridiction est saisie et que le choix de la juridiction n'est pas frauduleux ».

Les articles 14 et 15 du Code civil peuvent faire l'objet d'une renonciation expresse ou tacite. Ce choix atténue la portée de ces articles qui sont exorbitants du droit commun. La renonciation expresse est reconnue depuis longtemps par une jurisprudence constante. Constitue une renonciation expresse la présence d'une clause de prorogation de compétence donnant la compétence à un tribunal étranger. Cette renonciation implique que le Français, partie au contrat, ne peut plus exciper de l'article 14 ou 15 du Code civil. En revanche, la renonciation n'est pas opposable aux tiers au contrat. Constitue également une renonciation expresse, une clause d'arbitrage, une clause compromissoire dans le contrat liant un Français. La renonciation tacite pose plus de difficulté, les arrêts sont nombreux et parfois contradictoires. Une chose est sûre, la renonciation tacite doit être ***réelle, sérieuse et non équivoque***. Certains comportements procéduraux entraînent une renonciation au privilège de juridiction. Le fait d'intenter une action à l'étranger peut valoir renonciation au privilège de juridiction. Il s'agit là d'une présomption simple ; il est toujours possible de prouver que l'on a agi dans l'urgence ou dans la nécessité, bref sous une contrainte extérieure à sa volonté, et qu'il n'y avait pas d'intention réelle et sérieuse de renoncer à son privilège de juridiction. En outre, renoncer pour une action ne signifie pas renoncer pour toutes les actions à venir. Il n'y a pas renonciation lorsque le Français qui se présente devant un tribunal étranger soulève *in limine litis* l'incompétence du tribunal étranger. La solution est la même dès lors que le Français peut prouver par son comportement qu'il n'avait pas l'intention de renoncer à son privilège de juridiction. Le fait de se défendre devant les tribunaux étrangers sans soulever leur incompétence implique une renonciation tacite du privilège de juridiction. La question de l'application d'office des articles 14 et 15 par le juge s'est posée. En principe, leur caractère facultatif interdit au juge de soulever d'office leur application. C'est la solution arrêtée par la Cour de cassation dès 1963, confirmée ultérieurement (*Cass. civ. 1re, 26 mai 1999, Bull. civ., n° 171*).

3) Le caractère non exclusif

Longtemps lorsque les articles 14 et 15 étaient mis en œuvre, les tribunaux français étaient les seuls compétents à l'exclusion des tribunaux étrangers. Ce caractère leur conférait une grande portée encore renforcée par le fait qu'ils s'appliquent aux procédures gracieuses et contentieuses. En outre, ils concernent toutes les obligations contractées, mais au lieu de cantonner leur application aux matières contractuelles, la jurisprudence a étendu le champ d'application de ces articles aux actions patrimoniales, extrapatrimoniales, délictuelles, quasi-délictuelles, etc. Leur domaine d'application est étendu à toutes les matières. Les arrêts *Fercométal* (préc.) et *Prieur* (préc.) privent les articles 14 et 15 de leur caractère exclusif. Ainsi, comme le souligne la Cour de cassation dans sa décision de refus de transmettre la QPC (préc.) ils n'interdisent pas le jeu de la litispendance internationale et n'empêchent pas la reconnaissance d'une décision étrangère régulièrement rendue. Pourtant, si une partie excipe des articles 14 ou 15, le juge ne peut plus apprécier l'opportunité de sa compétence (*Cass. civ. 1re 30 sept. 2009, n° 08-16.141*). Les matières qui font déjà l'objet de compétence exclusive échappent à l'emprise des articles 14 et 15. Il s'agit de la compétence du lieu de situation de l'immeuble pour les actions réelles immobilières, les actions en partage sur l'immeuble. Il s'agit des actions relatives aux voies d'exécution pratiquées à l'étranger (*Cass. civ. 1re, 14 avril 2010, n° 09-11.909*). Il s'agit des hypothèses où un État est impliqué dans un litige.

Ces dispositions de droit commun ne sont plus appliquées souvent à cause de la présence de nombreuses conventions bilatérales ou multilatérales. Les articles 14 et 15 du Code civil sont mis en œuvre de manière résiduelle lorsque les conventions et règlements ne s'appliquent pas (*Cass. civ. 1re, 30 septembre 2009, n° 08-19.793*). Une des plus importantes était la Convention de Bruxelles du 27 septembre 1968 qui est désormais remplacée par le règlement (CEE) 44/2001. Les règlements communautaires se multiplient, transformant les sources du droit international privé. Certains concernent les compétences en matière de divorce et de responsabilité parentale (R. (CEE) 2201/2003 dit Bruxelles II *bis*, remplaçant R. (CEE) 1347/2000), d'autres les procédures d'insolvabilités européennes (R. (CEE) 1346/2000), d'autres enfin la signification et la notification des actes judiciaires et extrajudiciaires en matière civile et commerciale (R. (CEE) 1348/2000), d'autres introduisent un titre exécutoire européen (R. (CEE) 804/2004). La compétence juridictionnelle en Europe connaît donc de profondes modifications.

2 La compétence de l'Union européenne

Elle repose sur différents règlements. Les deux plus importants sont le règlement (CEE) 44/2001 remplacé à compter du 10 janvier 2015 par le règlement Bruxelles I *bis* R (UE) n° 1215/2012 et le règlement 2201/2003 dit Bruxelles II *bis*. Ils sont complétés par des règlements introduisant des compétences parallèles aux compétences nationales.

■ *La convention et le règlement dit de Bruxelles I, Bruxelles I bis*

Dans le cadre européen, la Convention de Bruxelles du 27 septembre 1968 relative à la compétence judiciaire et à l'exécution des décisions en matière civile et commerciale a joué un rôle considérable. Son fondement juridique est l'article 293 du Traité CE (ex. 220). Elle est interprétée par la Cour de justice des Communautés européennes en application du Protocole du 3 juin 1971. La Cour a indiqué dès 1976 que cette interprétation devait se faire en tenant compte à la fois du système et des objectifs qui sont propres à la Convention (*CJCE Tessili, 6 oct. 1976, aff. 12/76*). Cette convention qui lie les États membres des Communautés a été reprise pour l'essentiel dans le cadre de l'AELE par la Convention de Lugano du 6 septembre 1988, révisée par décision du

Conseil du 27 novembre 2008 (*JOUE L. 147, 10/06/2009*), signée le 30 octobre 2007 et entrée en vigueur entre la Norvège et l'Union européenne (1er janv. 2010), la Suisse et l'Union européenne (1er janvier 2011) et l'Islande (1er mai 2011). Elle est remplacée par le règlement 44/2001 depuis le 1er mars 2002. Ce règlement reprend le contenu de la convention telle que révisée par les États parties. Le contenu des deux textes reste donc proche et le parallélisme est maintenu grâce à la révision de la convention de Lugano. Ces textes posent des règles de compétence directes et indirectes. Le règlement a été adopté sur le fondement des articles 65 et suivants du Traité CE. Il lie les États membres. Un accord signé entre le Danemark et la CE, en 2005, entré en vigueur le 1er juillet 2007, étend l'application du Règlement à ce dernier. L'article 68 du Traité CE restreint les conditions d'application du recours préjudiciel qui permet à la Cour de justice d'interpréter le règlement (*Ord. 22 mars 2002, aff. C-24/02, Marseille Fret SA c/Seatrano Shipping Company Ldt, JOUE C. 97 du 20 avril 2004 ; Ord. 10 juin 2004, aff. C-555/03, M. Warbecq et Ryanair Ltd*). Cette disposition a disparu dans le Traité de Lisbonne. Le TUE et le TFUE prévoient depuis le 1er décembre 2009 – la Cour de justice les appliquant aux requêtes introduites après cette date – un retour au droit commun. À compter du 10 janvier 2015, le règlement 44/2001 sera remplacé par sa refonte par le règlement Bruxelles I *bis* (R. (UE) n° 1215/2012 du Parlement européen et du Conseil du 12 décembre 2012 concernant la compétence judiciaire, la reconnaissance et l'exécution des décisions en matière civile et commerciale (*JOUE du 20 déc. 2012, L 351, p. 1*). Ce nouveau règlement ne concernera pas le Danemark.

La convention et le règlement de Bruxelles I ne couvrent que la « matière civile et commerciale quelle que soit la nature de la juridiction » (art. 1er du R. 44/2001, de la convention et du R. 1215/2012). Les juridictions répressives sont donc concernées dès lors qu'elles statuent en matière civile.

Les matières de droit public sont exclues. La distinction entre le droit public et le droit privé doit être précisée. Elle l'est par l'interprétation de la convention et par la jurisprudence de la CJUE. La frontière est parfois difficile à tracer. Lors de la convention d'adhésion de 1978 (adhésion du Danemark, Irlande du Royaume-Uni de Grande Bretagne et d'Irlande du Nord, convention dite du Luxembourg), il a été précisé que les matières fiscales, douanières (*sur les dettes douanières, CJCE 15 mai 2003, Préservatrice Foncière Tiard SA*, aff. C-266/01), administratives sont exclues. La jurisprudence de la CJUE a défini la matière civile et commerciale par une série de décisions. Les deux arrêts *Eurocontrol* du 14 octobre 1976 et 14 juillet 1977 (question posée à propos de l'action intentée par Eurocontrol contre une compagnie aérienne allemande qui ne s'était pas acquittée des créances qu'elle devait à Eurocontrol) et l'arrêt *Ruffer* du 16 décembre 1980 (le gouvernement néerlandais demandait à M. Ruffer le remboursement des frais engagés pour l'enlèvement d'un bateau coulé dans la baie de Watum) sont les plus importants. Ils consacrent l'interprétation autonome des notions de matière civile et commerciale par la Cour de justice. Ils précisent ensuite le critère de distinction entre les matières de droit privé et de droit public : la convention ne s'applique pas lorsqu'il y a intervention d'une autorité publique agissant dans l'exercice de la puissance publique.

Les matières de droit privé exclues par le texte du règlement et de la convention sont les suivantes : les articles 1er et 2 des deux textes excluent l'état et la capacité des personnes physiques, les régimes matrimoniaux, les testaments et les successions. Les faillites concordats et autres procédures analogues (aujourd'hui Règlement (CEE) 1346/2002 du Conseil relatif aux procédures d'insolvabilité entré en vigueur le 31 mai 2002), la sécurité sociale, l'arbitrage.

Enfin, pour que la convention s'applique, il convient de vérifier l'intégration du litige dans la communauté. Elle dépend de trois facteurs :

- la nature du litige, il doit présenter des liens étroits avec le territoire d'un des États contractants ou des États membres ;
- la prorogation de compétence, le litige est alors intégré par la volonté des parties ;
- la condition de domiciliation du défendeur sur le territoire d'un des États contractants ou des États membres (art. 4, al. 1 R. et C. art. 6 R. 1215/2012 avec des réserves pour certaines compétences protectrices des parties faibles – consommateurs, travailleurs – qui voient leur domaine d'application étendue par le nouveau règlement) (art. 4 al. 1 et art. 6 al. 1 : « *si le défendeur n'est pas domicilié sur le territoire d'un État membre (contractant), la compétence est, dans chaque État, réglée par la loi de cet État* »). Il est alors fait un renvoi aux règles de compétence internationale propre à chaque État. Il faut en mesurer toutes les conséquences. Cela signifie que les règles exorbitantes, privilégiées de compétence sont exclues par les textes communautaires (art. 3 al. 2 R. et C. : « *ne peuvent pas être les règles de compétence internationale figurant à l'annexe 1* » ; cet annexe décrit les règles privilégiées de compétence existant dans chacun des États contractants ou États membres pour la France, les articles 14 et 15 sont visés), mais elles retrouvent leur efficacité lorsque le défendeur n'est pas domicilié sur le territoire d'un État contractant ou d'un État membre. Les conflits entre la convention de Bruxelles et d'autres conventions signées et ratifiées par les États membres sont réglés par l'article 57 § 1 de la convention. Les articles 67 à 73 du règlement Bruxelles I *bis* organisent les relations du nouveau texte avec les autres règlements et conventions en vigueur dans le souci d'offrir la plus grande cohérence possible entre les textes au sein de l'espace judiciaire européen. En application des textes antérieurs, la Cour de justice a précisé que la compétence spéciale posée par la convention sur le contrat de transport international par route (convention CMR du 19 mai 1956) prime la compétence posée par la Convention de Bruxelles (*CJCE, 28 octobre 2004*). Le champ d'application des textes étudié, il convient d'en analyser le contenu, en distinguant les règles de compétence ordinaires et spéciales et les règles de compétence exclusives.

a) Les règles de compétences ordinaires et spéciales

1) La compétence ordinaire

Elle est posée par ***l'article 2 R. et C. Dès lors que le défendeur est domicilié sur le territoire de l'un des États membres ou contractants, les tribunaux de cet État sont compétents***. Cette règle se retrouve à l'article 4 du R. Bruxelles I *bis*. Ni le règlement, ni la convention ne donnent une définition du domicile de la personne physique. Les droits nationaux retrouvent donc leur empire (art. 52 C., art. 59 R. et 62 R. Bruxelles I *bis*) C'est un problème dans la mesure où les droits nationaux n'ont pas tous la même conception de la notion de domicile. La convention était également silencieuse sur la notion de domicile des personnes morales. Le règlement, lui, pose une règle matérielle avec l'article 60 § 1 (art. 63 § 1 R. Bruxelles I *bis*), les sociétés et les personnes morales sont domiciliées là ou est situé :

- leur siège statutaire ;
- leur administration centrale ;
- ou leur principal établissement.

2) Les compétences spéciales

Elles se trouvent dans l'article 5 du R. et de la C., article 7 du R. 1215/2012 et dans les articles assurant la protection de la partie faible. Par principe, elles font l'objet d'une interprétation stricte (*CJCE, 27 septembre 1988, Kalfélis, aff. 189/87, Rec. p. 5565, CJCE 15 février 1989, Six Construction, aff.32/88, Rec. 341, pour un rappel. CJCE 15 janvier 2004, Blijdenstein, C-433/01 et CJCE 10 juin 2004, aff. Rudolf Kronhofer*).

- L'ARTICLE 5-1° (C. ET R.), ARTICLE 7 (R. 1215/2012)

Il pose en matière contractuelle le principe suivant : « *Le défendeur domicilié sur le territoire d'un État contractant peut être attrait... devant le tribunal du lieu ou l'obligation qui sert de base à la demande a été ou doit être exécutée* ».

La notion de matière contractuelle fait l'objet d'une interprétation autonome de la part de la CJCE (*Arrêt Martin Peters, 22 mars 1983, aff. 34/82*). Il ne peut y avoir de situation contractuelle lorsqu'il n'existe aucun engagement librement assumé d'une partie envers l'autre (arrêt *Jacob Handte, 17 juin 1992, aff. C-26/91 ; confirmé par La réunion européenne, 27 oct. 1998, aff. C-51/97*). Auparavant, la Cour avait précisé que l'article 5-1° était applicable aux membres d'une association car l'adhésion a une association crée entre les associés des liens étroits du même type que ceux qui s'établissent entre les parties à un contrat et il est, par la suite, légitime de considérer comme des obligations contractuelles les obligations auxquelles se réfèrent les juges de renvoi (*arrêt Martin Peters*). Cette solution a été transposée aux membres d'une société (*arrêt Powell,*

10 mars 1992, aff. C-274/89). Ces éléments de définitions laissent des questions délicates dans l'ombre. Que faire lorsque l'action met en cause à la fois des obligations contractuelles et des obligations délictuelles ? Une réponse a été apportée par la CJCE dans l'affaire *Kalfélis* (*27 septembre 1988, aff. 189/87*) qui favorise l'éclatement des compétences puisque la Cour considère qu'un tribunal compétent pour la matière délictuelle en application de 5-3° ne l'est pas pour la matière contractuelle de 5-1°.

Quelle qualification retenir dans le cadre d'action réalisée dans une chaîne de contrats ? La qualification contractuelle du droit français en la matière fait exception, doit-elle être prise en considération ? La cour a répondu par deux arrêts : l'arrêt *Jacob Handte* et l'arrêt *La réunion européenne*. La cour n'est pas tenue par la jurisprudence et la qualification française, elle rappelle que la matière contractuelle suppose un engagement librement assumé d'une partie envers l'autre. L'action directe, dite contractuelle en droit français, ne vérifie pas une telle condition. Dans l'affaire *La réunion européenne*, elle précise que la matière est alors délictuelle et que l'article 5-3° est applicable. Quel est l'article applicable en matière de quasi-contrat ? L'interprétation restrictive de l'article 5-1° et l'arrêt *Kalfélis* plaident pour le refus d'appliquer l'article 5-1°. Cette disposition s'applique dès lors que la contestation est relative à l'existence même du contrat (*CJCE, 4 mars 1982, Effer ; Civ. 1re, 27 juin 2000*). La responsabilité précontractuelle, en revanche, ne relève pas de l'article 5-1°, mais de l'article 5-3° (*CJCE, 17 sept. 2002, Fonderie Office Mechaniche Tacconi SpA, aff. C-334/00*).

L'obligation qui sert de base à la demande est une notion qui réclame une attention particulière. Le texte de 1968 se contentait de viser le lieu où l'obligation a été ou doit être exécutée. La question s'était posée : de quelle obligation s'agissait-il ? La jurisprudence avait répondu avec l'arrêt *De Bloos* (*6 oct. 1976, aff. 14/76*). Elle avait précisé que l'obligation visée était l'obligation qui sert de base à la demande, à l'action en justice. Le même arrêt précisait qu'il ne fallait pas distinguer l'obligation et sa sanction. La solution de l'arrêt *De Bloos* est reprise dans la lettre du texte de la convention dès la révision de 1978.

Pour répondre aux critiques nombreuses de la doctrine, le règlement (CEE) 44/2001 a tenté d'apporter des précisions sur l'obligation à prendre en considération. Les précisions concernent les contrats de vente de marchandises et de fournitures de services. L'article 5-1° b) est ainsi rédigé : « *aux fins de l'application de la présente disposition, et sauf convention contraire, le lieu d'exécution de l'obligation qui sert de base à la demande est :*

- *pour la vente de marchandises, le lieu d'un État membre où, en vertu du contrat, les marchandises ont été ou auraient dû être livrées ;*
- *pour la fourniture de services, le lieu d'un État membre où, en vertu du contrat, les services ont été ou auraient dû être fournis* ».

La nouvelle rédaction n'a pas convaincu la doctrine de sa qualité. Elle laisse notamment la place à des difficultés de qualification lorsque la vente de marchandises s'inscrira dans un réseau de distribution : comment doit être qualifié le contrat-cadre organisant ces réseaux ? Des questions se poseront également en ce qui concerne la location, le crédit-bail. Des réponses se dessinent au gré de la jurisprudence. Dans un arrêt *Color Drack GMbH*, la Cour de justice des Communautés européennes, le 3 mai 2007, précise que dans un contrat de vente, en présence de plusieurs lieux de livraison, le tribunal compétent est celui du lieu de livraison principale. La Cour de cassation a précisé qu'un contrat de concession exclusive n'est ni un contrat de vente, ni une fourniture de services ce qui oblige à revenir à la recherche du lieu d'exécution de l'obligation qui sert de base à la demande en application de la loi applicable à l'obligation (*Cass. civ. 1re, 23 janvier 2007*). Elle énonce encore qu'un contrat de distribution sélective n'est pas un contrat de fourniture de services, mais un contrat de vente (*Cass. civ. 1re, 5 mars 2008*). La Cour de justice des Communautés européennes, quant à elle, opte également pour une approche restrictive de la notion de contrat de fourniture de services en indiquant qu'elle ne comprend pas le contrat de concession d'un droit de propriété intellectuelle dans une décision *Falco* du 23 avril 2009 (*aff. C-533/07*). À l'occasion de l'affaire *Car trim*, la Cour trace la frontière entre les contrats de vente de marchandises et les contrats de fourniture de services. Le contrat qui prévoit la livraison d'une marchandise que le vendeur s'engage à fabriquer suivant les spécifications du client est un contrat de vente, les matériaux étant fournis par l'acquéreur (*CJUE, 25 février 2010, aff. C-381/08*).

Dans le cadre des nouvelles dispositions du règlement de Bruxelles I, la Cour de justice de l'UE a apporté un certains nombres de précisions. Dans l'arrêt *Car trim.* (préc.), la Cour précise que le lieu de livraison lorsque les dispositions du contrat ne permettent pas de l'identifier est le lieu de remise matérielle de la marchandise à l'acheteur. Valorisant l'article 5-1 b, la Cour de cassation par un arrêt du 22 mars 2011 (*Cass. com., 22 mars 2011, n° 10-16.993*) reconnaît la compétence du juge consulaire français en soulignant que le lieu de livraison des marchandises ressort d'une disposition spéciale du contrat de vente matérialisant l'accord des parties et fixant ce lieu en France. Le rôle des incoterms dans la détermination du lieu de livraison des marchandises est expressément reconnu par la Cour de justice de l'UE dans une décision du 9 juin 2011 (*aff. C-87/10*). Les incoterms CCI (les derniers datent de 2010) sont des termes contractuels, des clauses pertinentes pour déterminer le lieu de livraison des marchandises. À défaut, la Cour apporte une précision utile pour l'interprétation du texte : s'il est impossible de déterminer le lieu de livraison sur cette base, sans se référer au droit matériel applicable au contrat, ce lieu est celui de la remise matérielle des marchandises par laquelle l'acheteur a acquis ou aurait dû acquérir le pouvoir de disposer effectivement de ces marchandises à la destination finale de l'opération de vente.

En matière de prestation de services, l'arrêt du 9 juillet 2009 énonce que la fourniture de services de transport aérien s'exécute aux « lieux de départ et d'arrivée » (*CJUE, Rehder, aff. C-204/08*), parallèlement, la Cour de cassation précise que dans le cadre d'un transport maritime le lieu de fourniture des services s'entent du port de départ comme du port d'arrivée (*Cass. com., 16 nov. 2010, n° 09-66.955*). L'arrêt *Wood Floor* précise, dans le cadre d'un contrat d'agence commerciale, reprenant la solution de l'affaire *Color Drak* (préc.), le lieu de l'exécution du contrat. La détermination du lieu de la fourniture principale des services, à défaut de l'exécution effective du contrat peut être le domicile de l'agent (*CJUE, 11 mars 2010, aff. C-19/09*). La Cour de cassation a fait sienne cette interprétation dans une décision du 14 mai 2013 (*Cass. com., 14 mai 2013, n° 11-26.631, F-P+B*).

Lorsque l'on ne peut pas recourir à la simplification de l'article 5-1 b du règlement, la détermination du lieu de l'exécution de l'obligation qui sert de base à la demande a été explicitée par la jurisprudence *Tessili* du 6 octobre 1976 (*aff. 12/16*). Elle ne concerne pas les contrats de travail qui font l'objet d'une solution particulière. Cette solution est maintenue dans le cadre de l'application du règlement sauf en ce qui concerne les contrats de vente de marchandises et de fourniture de services (art. 5-1° b). La jurisprudence *Tessili* impose un détour par les conflits de lois pour déterminer le lieu de l'exécution de l'obligation litigieuse. En effet, la Cour précise que « le lieu où l'obligation a été ou doit être exécutée au sens de l'article 5-1° est déterminé conformément à la loi qui régit l'obligation litigieuse selon les régies de conflits de la juridiction saisie ».

La démarche se fait donc en deux temps.

Premièrement le juge saisi, en application de ses propres règles de conflits de lois, doit rechercher quelle est la loi applicable à l'obligation litigieuse.

Puis dans un second temps, le juge doit, en application de la loi désignée comme applicable, déterminer son lieu d'exécution. L'inconvénient majeur de cette solution est d'obliger le juge à appliquer ses propres règles de conflit pour déterminer la loi applicable à l'obligation litigieuse avant même d'avoir déterminé sa compétence de manière définitive (*CJCE, 19 février 2002, Besix SA, aff. C-256/00*).

En dépit des critiques formulées, la Cour de justice a confirmé la solution de l'arrêt *Tessili* en 1994 dans un arrêt *Custom made* du 29 juin 1994 (*aff. C-288/92*). Les inconvénients de la jurisprudence *Tessili* sont atténués en présence de conventions portant droit uniforme matériel ou unifiant les règles de conflit de lois. La Convention de La Haye de 1955 sur la vente internationale d'objets mobiliers corporels assure l'unification de la règle de conflit entre tous les États contractants. Cette convention présente moins d'intérêt dans le cadre du règlement qui pose une règle matérielle en matière de contrat de vente de marchandises. L'autre convention clé en la matière est la Convention de Rome de 1980 sur la loi applicable aux obligations contractuelles. Elle pose des règles de conflit communes. Elle est remplacée par le règlement Rome I sur les obligations contractuelles depuis le 17 décembre 2009 (R. (CE) n° 593/2008 du 17 juin 2008) pour les contrats conclus après cette date. En cas d'absence de choix par les parties dans le contrat, la loi applicable au contrat est la loi du pays où le débiteur de la prestation caractéristique a sa résidence habituelle, sous réserve de certaines règles particulières. Grâce à cette convention et au règlement, la loi applicable pour déterminer le lieu d'exécution de l'obligation litigieuse est désignée par la même règle de conflit de lois. Les conventions portant droit matériel uniforme jouent un jeu simplificateur encore plus remarquable. Tel est le cas de la Convention des Nations unies sur la vente internationale de marchandises de 1980. C'est alors en application du droit matériel de cette convention qu'est déterminé le lieu d'exécution de l'obligation litigieuse. Par exemple, l'article 57 de la Convention de Vienne précise que le paiement est portable. Il doit être payé au domicile du vendeur créancier du prix. Le règlement enlève tout intérêt à l'intervention de ces textes car il précise que, pour les contrats de vente de marchandises, le lieu d'exécution, sous réserve de convention contraire, est le lieu où les marchandises ont été ou auraient dû être livrées. Comme pour répondre à la complexité de l'article 5-1°, la jurisprudence de la Cour autorise les parties à prévoir le lieu d'exécution de l'obligation litigieuse. Le principe est posé par l'arrêt *Zelger* du 17 janvier 1980 (*aff. 56/79*). Le lieu ne doit pas être fictif comme le rappelle l'arrêt *Les gravières rhénanes* (*20 février 1997, aff. C-106/95, Rec.I.911*).

Le nouvel article 7 du règlement Bruxelles I *bis* ne revient pas sur cette disposition.

- L'ARTICLE 5-2° (C. ET R.)

Il traite de la compétence en matière d'obligation alimentaire. En l'espèce, le règlement a repris sans modification le texte de la convention. En matière d'obligation alimentaire, il faut agir devant le tribunal du lieu où le créancier d'aliments a son domicile ou sa résidence habituelle ou, s'il s'agit d'une demande accessoire à une action relative à l'état des personnes, devant le tribunal compétent selon la loi du for pour en connaître, sauf si cette compétence est uniquement fondée sur la nationalité d'une des parties. Cette disposition est remplacée depuis le 28 juin 2010 par le règlement (CE) 4/2009 du conseil relatif à la compétence, la loi applicable, la reconnaissance et l'exécution des décisions et la coopération en matière d'obligations alimentaires du 18 décembre 2008. Cette disposition disparaît donc tout naturellement du prochain règlement Bruxelles I *bis*.

- L'ARTICLE 5-3° EN MATIÈRE DÉLICTUELLE ET QUASI-DÉLICTUELLE ET L'ARTICLE 7 § 2

L'article, dans le R. (CEE) 44/2001, ouvre une option de compétence que le fait dommageable se soit produit ou risque de se produire (*Orléans, 6 mai 2003*). Cette option se retrouve dans l'article 7 § 2 destiné à le remplacer. Les actions préventives sont donc acceptées, ce qui n'était pas le cas dans le cadre de la convention. Deux questions doivent être traitées successivement pour comprendre le jeu de l'article 5-3°. La première est celle de la définition de la matière délictuelle, quasi-délictuelle. La Cour de justice en a donné une définition autonome, indispensable eu égard aux différences existantes entre les États contractants, au fil de sa jurisprudence. Deux arrêts essentiels doivent être retenus : l'arrêt *Kalfélis* (*27 septembre 1988, aff. 1889/87*) et l'arrêt *La Réunion européenne*. Il résulte de ces affaires que doit être considérée comme entrant dans la catégorie de la responsabilité délictuelle toute demande qui met en jeu la responsabilité du défendeur mais ne dépend pas de la matière contractuelle. Le premier élément de la définition est donc négatif et opère un renvoi à la définition de la matière contractuelle définie notamment dans l'arrêt *J. Handte*. Le second élément est positif et repose sur une action en responsabilité engagée contre le demandeur. Ces deux éléments doivent être vérifiés pour que soit applicable l'article 5-3°. La Cour a apporté une précision importante sur le champ d'application de ce texte en 2002 : l'action préventive d'une association de protection des consommateurs est jugée de nature délictuelle au sens de l'article 5-3° (*CJCE, 1er oct. 2002, aff. C-167/00*). La seconde est celle de la mise en œuvre de l'article 5-3°. Cette dernière tient en deux éléments : le premier concerne la détermination du lieu de survenance du fait dommageable ou du risque de survenance du fait dommageable ; le second concerne l'étendue de la compétence du juge saisi. La détermination du lieu dommageable a été définie par la jurisprudence de la Cour qui a favorisé l'établissement d'une option en faveur du demandeur, souvent victime.

La Cour a pris en considération, successivement, plusieurs hypothèses.

La première hypothèse est celle de la dissociation entre le fait générateur du dommage et le lieu de survenance du dommage. L'arrêt *Mines des Potasses d'Alsace* (*30 nov. 1976, aff. 21/76*) ouvre une option en faveur du demandeur car le lieu du fait générateur est aussi important que le lieu de survenance du dommage. Le demandeur dispose donc du choix entre les deux juridictions.

Dans certaines hypothèses, il est difficile de localiser le lieu de survenance du préjudice. La question s'est posée dans le cas d'une diffamation réalisée par voies de presse, de radio et télévision. Il était alors difficile de savoir quel était le lieu du fait générateur du dommage : le lieu unique de la première édition ou les lieux multiples de diffusion ? La réponse est proposée par la Cour dans l'affaire *Fiona Shevill* du 7 mars 1995 (*aff. C-68/93*) : en cas de diffamation au moyen d'un article de presse diffusé dans plusieurs États contractant, l'expression « lieu où le fait dommageable s'est produit » doit être interprétée dans le sens où la victime peut intenter contre l'éditeur une action en réparation soit devant les juridictions de l'État contractant du lieu d'établissement de l'éditeur, soit devant les juridictions de chaque État contractant dans lesquels l'article a été diffusé. Cette jurisprudence est citée dans les conclusions de l'avocat général dans l'attente de la décision dans une affaire concernant l'atteinte à la vie privée via internet (*Société MGN Limited, aff. C-161/10*).

Dans l'hypothèse d'un engrais, défectueux, livré à une société belge par une société néerlandaise alors que l'engrais a été fabriqué par une troisième entreprise, la question de la détermination du lieu de survenance du fait dommageable s'est à nouveau posée : lieu de fabrication, de livraison, d'utilisation ? Par une décision du 16 juillet 2009 (*aff. C-189/08*), la Cour de justice des Communautés européennes a indiqué que le lieu du fait dommageable est celui où le dommage initial est survenu du fait de l'utilisation normale du produit. Dans certains cas la localisation du lieu de l'événement causal se trouve si difficile à déterminer que la CJUE elle-même évite de se prononcer. Tel est le cas dans l'affaire C-228/11 du 16 mai 2013 relative à la recherche du fait causal pour localiser le dommage en matière financière. L'option ouverte par le texte est adaptée aux droits de propriétés intellectuels y compris dans le cadre d'internet. Ainsi le titulaire d'une marque qui a déposé son nom en tant que marque seulement en Autriche alors que l'un de ses concurrents avait bloqué la marque sur *google. de* a le choix entre les juridictions du l'État membre d'enregistrement de la marque (matérialisation du dommage) et celles de l'État membre du lieu d'établissement de l'annonceur (événement causal) (*CJUE, aff. C-523/10, 19 avril 2012, mais aussi Cass. civ. 1re, 22 mars 2012, n° 11-12.964*). Des difficultés subsistent en matière de contrefaçon, la Cour de cassation a posé une question préjudicielle à la CJUE en ce qui concerne les cyberdélits (*Cass. civ. 1re, 5 avril 2012*). Ces derniers lorsqu'ils visent la publicité déloyale conduisent à reconnaître la compétence des juridictions françaises lorsque l'information déloyale est accessible en France et qu'elle est destinée aux internautes français (*Cass. com., 20 mars 2012, n° 11-10.600, 3 mai 2012, n° 11-10.507 et 11-10.508*).

L'étendue de la compétence du juge devait être précisée dans le cadre de l'option ouverte au demandeur. La Cour de justice a toujours affirmé la solution suivante : le tribunal du lieu du fait générateur a compétence pour connaître de l'ensemble des préjudices subis tandis que le tribunal du lieu de survenance du dommage n'a compétence que pour connaître le préjudice réalisé dans son ressort. L'article 5 vise d'autres hypothèses de compétences spéciales, cependant on ne fait qu'un renvoi au texte.

- Les dispositions protégeant la partie faible

Elles concernent le contrat de travail mais également la protection du consommateur et de l'assuré. Dans tous les cas, cette protection passe par une option offerte à la partie faible dans le choix de la juridiction compétente (art. 19 R. ; art. 15 à 17 R., art. 8 à 14 R.). La Cour de justice s'est penché sur l'adaptation des textes protecteurs en présence de contrats passés par internet, le commerçant doit avoir intentionnellement dirigé son activité de façon substantielle vers l'État membre du consommateur (*CJUE, 7 déc. 2010, Pammer C-585/08*). Le prochain règlement Bruxelles I *bis* étend le champ d'application spatial des règles protectrices du consommateur et des travailleurs, à l'exclusion des assurés. Consommateur et travailleur pourront bénéficier des dispositions protectrices dès qu'ils seront domiciliés dans un État membre.

b) Les règles de compétence exclusives

Certaines le sont au sens propre car elles sont impératives. D'autres le sont par leurs effets : elles excluent toute autre compétence ; ce sont les règles de prorogation de compétence.

1) Les règles impératives

Ces dispositions sont impératives, il n'est pas possible d'y déroger, ni par une clause attributive de juridiction, ni par une simple comparution volontaire devant un juge incompétent. Elles sont exclusives. Toute violation de ces dispositions entrave la reconnaissance et l'*exequatur* d'une décision rendue par un juge incompétent.

En matière immobilière, les articles 16-1° C., 22-1° R. et 24-1 R. 1215/2012 donnent une compétence exclusive au tribunal du lieu de situation de l'immeuble. Cette disposition concerne les droits réels immobiliers définis restrictivement par la jurisprudence de la Cour, les actions en matière de baux d'immeuble. Une exception mérite d'être signalée. Elle résulte de la jurisprudence *Rösler* (15 janvier 1985) qui avait posé le problème de la location à courte durée à usage personnel. Le règlement parachève l'évolution des textes en la matière avec l'article 22-1° alinéa 2 R. : « *en matière de baux d'immeubles conclus en vue d'un usage personnel temporaire pour une période maximale de six mois consécutifs, sont également compétents les tribunaux de l'État membre dans lequel le défendeur est domicilié, à condition que le locataire soit une personne physique et que le propriétaire et le locataire soient domiciliés dans le même État membre* ».

En matière de sociétés et de personnes morales (art. 16-2 C., 22-2° R. et 24-2 R. 1215/2012) la compétence exclusive du tribunal du lieu du siège social est donnée pour les actions concernant la validité, la nullité, la dissolution des sociétés. La Cour a précisé que l'article 22 ne trouvait pas à s'appliquer dans une affaire concernant la mise en œuvre d'un contrat prévoyant le paiement par la société mère en cas de difficulté ou cessation des paiements de la part de ses filiales (*CJUE, 12 mai 2011, C-144/10*).

En ce qui concerne les inscriptions sur les registres publics, les articles 16-3° C., 22-3 R. et 24-3 R. 1215/2012 posent la compétence exclusive des tribunaux du lieu où les registres sont tenus.

En ce qui concerne les droits intellectuels, les articles 16-4° C., 22-4° R. et 24-4 R. 1215/2012 donnent une compétence exclusive aux tribunaux de l'État contractant ou membre sur le territoire duquel le dépôt de l'enregistrement a été demandé, a été effectué, ou est réputé avoir été effectué aux termes d'une convention internationale.

La compétence en matière d'exécution des décisions est précisée dans l'article 16-5° C. devenu 22-5° R. et bientôt 24-5 R. 1215/2012 en faveur de la compétence exclusive des tribunaux du lieu d'exécution des décisions.

2) Les règles de prorogation de compétence

Elles sont supplétives de volonté car les articles 17 et 18 C. devenus 23 et 24 R. et bientôt 25 et 26 du R. 1215/2012 laissent les parties libres de désigner le tribunal compétent. Elles sont exclusives car le tribunal désigné par la clause attributive de compétence l'est à l'exclusion de tout autre dans le cadre de la convention. La solution est assouplie dans le cadre du règlement car ce dernier (art. 23-1) introduit la possibilité d'une convention contraire des parties. Ceci est une concession faite aux juristes de *common law*. Quoi qu'il en soit, l'exclusivité n'est pas accordée, quel que soit le texte, lorsque le tribunal désigné n'est pas sur le territoire d'un État contractant membre.

Les textes prévoient deux formes de clauses de prorogation, l'article 17 C. et 23 R. traite de la prorogation expresse et l'article 18 C. et 24 R. traite de la prorogation tacite.

La prorogation expresse dépend pour sa validité de conditions de fond et de forme. Les conditions de fond sont au nombre de trois : une des parties doit être domiciliée sur le territoire d'un État contractant (membre), le tribunal désigné comme compétent doit être situé sur le territoire d'un État contractant (membre), le litige doit mettre en cause des rapports internationaux. Des conditions de forme sont également prescrites. La clause doit être écrite ou une référence doit être faite à un usage du commerce international, en présence d'une convention verbale, cette dernière doit être confirmée, la clause peut faire référence aux habitudes établies entre les parties. La prorogation tacite est organisée par l'article 18 C. et 24 R. Le principe est assez simple : la comparution du défendeur entraîne la prorogation tacite de compétence du tribunal. Le défendeur peut contrecarrer ce texte en soulevant l'exception d'incompétence. Dans l'arrêt *Elefanten Schuhe* du 24 juin 1981, la Cour laisse s'appliquer les règles de procédure nationale pour déterminer quand l'exception d'incompétence doit être soulevée. La CJUE a apporté une précision importante quant à l'application de l'article 23 du règlement en présence d'un tiers sous acquéreur : une clause attributive de juridiction figurant dans le contrat conclu entre le fabricant d'un bien et l'acquéreur du bien ne peut pas être au opposé au tiers sous-acquéreur sauf à prouver qu'il a donné son consentement effectif à la clause (*CJUE, aff. C-543/10, 7 fév. 2013*).

Dans le cadre du règlement, le juge doit s'assurer de sa compétence et si ce n'est pas le cas, il doit se déclarer d'office incompétent. Toujours dans un souci de coordination judiciaire, dans le cadre du règlement, la litispendance et la connexité sont plus largement admises. L'article 21 de la convention remplacé par l'article 27 du règlement impose au tribunal saisi en second de se dessaisir au profit du premier. En ce qui concerne la connexité, les exigences communautaires sont moins grandes, le juge peut surseoir à statuer (art. 22 C. et 28 R.).

En matière de clauses attributives de juridiction, le nouveau règlement n° 1215/2012 étend le champ d'application des règles de l'Union européenne. Après l'entrée en vigueur du texte, toutes les clauses de prorogation de compétence désignant les juridictions d'un État membre touchant à la matière civile ou commerciale relèveront du règlement peu important que les parties soient ou non domiciliées dans un État membre. Ce texte combiné à l'entrée en vigueur prévue par l'Union européenne de la Convention de La Haye sur les accords d'élection du for (30 juin 2005) devrait conduire à la disparition des règles de droit commun dans les États membres. Outre cette extension, les nouveaux articles contiennent des dispositions adaptées pour s'harmoniser avec le texte de la Convention de La Haye.

■ *Le règlement dit Bruxelles II bis*

Le règlement dit Bruxelles II *bis* (règlement (CE) n° 2201/2003 du Conseil du 27 novembre 2003 relatif à la compétence, la reconnaissance et l'exécution des décisions en matière matrimoniale et en matière de responsabilité parentale abrogeant le règlement (CE) n° 1347/2000, *JOUE n° L. 338 du 23/12/2003.1*), qui remplace le règlement (CEE) n° 134712000, maintient les compétences du tribunal en matière de divorce et introduit (à la demande de la France) de nouvelles dispositions relatives à la responsabilité parentale.

a) Le champ d'application du règlement

Il est défini par l'article 1er qui précise que le règlement s'applique, quelle que soit la nature de la juridiction, aux matières civiles relatives : au divorce, à la séparation de corps et à l'annulation du mariage des époux ; à l'attribution, à l'exercice, à la délégation, au retrait total ou partiel de la responsabilité parentale. Par conséquent, les matières concernées sont notamment : le droit de garde et le droit de visite ; la tutelle, la curatelle, et les institutions analogues ; la désignation et les fonctions de toute personne ou organisme chargé de s'occuper de la personne ou des biens de l'enfant, de le représenter ou de l'assister ; le placement de l'enfant dans une famille d'accueil ou dans un établissement ; les mesures de protection de l'enfant liées à l'administration, à la conservation ou à la disposition de ses biens. Récemment le domaine d'application du règlement en matière de divorce a été précisé par la Cour de cassation (*Cass. civ. 1re, 12 janvier 2011, n° 09-71.540, FS-P+B+I*) à propos du divorce d'une Américaine et d'un Français, le litige n'a pas été considéré comme intégré en raison de la présence de l'épouse et des enfants aux États-Unis.

Règlement Bruxelles II Bis

b) La détermination du tribunal compétent en matière de divorce

Elle est reprise dans le nouveau règlement. L'article 3 énonce des critères objectifs de compétence qui ne sont ni cumulatifs, ni hiérarchisés mais exclusifs (art. 6). Ils sont laissés au choix des époux. Parmi ces critères figurent : la résidence des époux (art. 3, a), la nationalité commune des époux (art. 3, b). La Cour de cassation a eu l'occasion d'appliquer ces dispositions dès 2005 (*Cass. civ. 1re, 22 février 2005*). Pour appliquer l'article 3 du règlement, la notion clé est celle de la résidence habituelle des époux. La Cour de cassation a repris à son compte la définition communautaire. Il s'agit du lieu où l'intéressé a fixé, avec la volonté de lui conférer un caractère stable, le centre permanent ou habituel de ses intérêts (*CJCE, 15 septembre 1994, C-452/93 ; Cass. civ. 1re, 14 décembre 2005*).

La grande innovation du nouveau règlement concerne la détermination des tribunaux compétents en matière de responsabilité parentale sans qu'elle soit liée à la procédure de divorce.

Ce règlement est désormais complété par un règlement dit Rome III n° 1259/2010 du 20 décembre 2010 entré en vigueur le 21 juin 2012 concernant la loi applicable au divorce et permettant aux époux de choisir cette loi (*M. Révillard et R. Crône, « Le règlement de Rome III sur les divorces internationaux », Defrénois, 15 juin 2012, n° 11, p. 560*).

c) La compétence en matière d'autorité parentale

1) La compétence de principe

Elle est générale car le texte s'applique à toutes les hypothèses de responsabilité parentale. On peut s'attendre à un problème de frontière avec le règlement (CE) n° 44/2001 en ce qui concerne les biens de l'enfant comme le souligne le considérant 9 du règlement Bruxelles II *bis* : « En ce qui concerne les biens de l'enfant, le présent règlement ne devrait s'appliquer qu'aux mesures de protection de l'enfant, c'est-à-dire : i) à la désignation et aux fonctions d'une personne ou d'un organisme chargé de gérer les biens de l'enfant, de le représenter et de l'assister et ii) aux mesures relatives à l'administration, à la conservation ou à la disposition des biens de l'enfant ». Dans ce contexte et à titre d'exemple, le présent règlement devrait s'appliquer aux cas dans lesquels les parents sont en litige au sujet de l'administration des biens de l'enfant. Les mesures relatives aux biens de l'enfant qui ne concernent pas la protection de l'enfant devraient continuer à être régies par règlement (CE) n° 44/2001 du Conseil du 22 décembre 2000 concernant la compétence judiciaire, la reconnaissance et l'exécution des décisions en matière civile et commerciale.

Le tribunal compétent est en principe celui de la résidence habituelle de l'enfant. La CJCE a défini cette notion dans une décision du 2 avril 2009 (*Gambazzi, aff. C-523/07*) en ces termes : « cette résidence correspond au lieu qui traduit une certaine intégration de l'enfant dans un environnement social et familial. À cette fin, doivent notamment être pris en considération la durée, la régularité, les conditions et les raisons du séjour sur le territoire d'un État membre et du déménagement de la famille dans cet État, la nationalité de l'enfant, le lieu et les conditions de scolarisation, les connaissances linguistiques ainsi que les rapports familiaux et sociaux entretenus par l'enfant dans ledit État. Il appartient à la juridiction nationale d'établir la résidence habituelle de l'enfant en tenant compte de l'ensemble des circonstances de fait particulières à chaque cas d'espèce ». Le 22 décembre 2010 (*Mercredi, aff. C-497/10*), la Cour est revenue sur la définition de la résidence habituelle en confirmant l'arrêt *Gambazzi*. Pour déterminer le lieu de cette résidence, il recherche le « lieu qui traduit une certaine intégration de l'enfant dans un environnement social et familial ». La précision est d'autant plus importante qu'elle visait la localisation de la résidence d'un nourrisson.

2) Les compétences d'exception

Il y a toutefois des exceptions à cette règle. En cas de changement de résidence licite (déménagement) de l'enfant, les juridictions de l'État membre de l'ancienne résidence habituelle de l'enfant qui ont déjà rendu une décision en matière de responsabilité parentale (en particulier en ce qui concerne le droit de visite) demeurent compétentes sous certaines conditions. De plus, les parents peuvent accepter que la juridiction ayant prononcé le divorce soit également compétente pour statuer sur les questions de responsabilité parentale. Les parents peuvent également, sous certaines conditions, se mettre d'accord pour saisir les juridictions d'un autre État membre avec lequel l'enfant a un lien étroit fondé, par exemple, sur la nationalité de l'enfant.

En présence d'enfants réfugiés ou déplacés à la suite de troubles dans leurs pays d'origine, il est impossible de déterminer la résidence habituelle de l'enfant ; on désigne comme compétentes les juridictions de l'État membre dans lequel l'enfant est présent. Le règlement prévoit une clause de renvoi au droit national des États membres dans le cas où il serait impossible de déterminer la compétence d'un tribunal en application des dispositions spécifiques établies par le règlement. En outre, le règlement consacre la règle typiquement anglo-saxonne, le *forum non conveniens*. Le principe est qu'exceptionnellement la juridiction d'un État membre peut être mieux placée que la juridiction normalement compétente (celle de la résidence habituelle de l'enfant) lorsque cela sert l'intérêt supérieur de l'enfant. L'initiative du renvoi de compétence revient soit à la juridiction elle-même, soit de la demande de l'autre juridiction de l'État membre.

3) Les règles relatives aux enlèvements d'enfant

Un des apports les plus remarquables du nouveau règlement consiste dans l'introduction de règles relatives aux enlèvements d'enfants. Elles ont pour objet de contrecarrer les enlèvements d'enfants à l'intérieur de l'Union européenne. Le tribunal de la résidence habituelle de l'enfant conserve sa compétence après l'enlèvement de ce dernier jusqu'à ce que l'enfant dispose d'une résidence habituelle dans un autre État membre. Il doit rendre sa décision six semaines au plus tard après sa saisine. L'enfant est, en principe, entendu au cours de la procédure. Les juridictions de l'État membre où l'enfant a été enlevé doivent obtempérer et assurer le retour de l'enfant sauf dans le cas où il existerait un risque grave pour la santé physique et psychique de l'enfant (en vertu de l'article 13, point b) de la convention de La Haye de 1980). Selon le règlement, le juge de la résidence habituelle de l'enfant doit ordonner le retour aussi dans ce dernier cas s'il est établi que des dispositions adéquates ont été prises pour assurer la protection de l'enfant après son retour. La décision de retour de l'enfant au lieu de sa résidence habituelle connaît une efficacité renforcée dans l'Espace judiciaire européen grâce à la procédure dite de *fast-track*. Le juge de l'État de la résidence habituelle de l'enfant, juridiction d'origine, émet un certificat (proche de celui du titre exécutoire européen) qui porte création d'une décision qui est exécutoire dans un autre État membre sans aucune déclaration de reconnaissance de force exécutoire dans l'État requis. Cette décision est exécutoire en tant que telle dans l'État requis. Le contrôle de la décision n'appartient plus à l'État d'accueil, mais est transféré à l'État d'origine. La force exécutoire attachée à cette décision-certificat est celle de l'État d'exécution en application des conditions posées par le règlement.

Le règlement pose les conditions à vérifier pour émettre ce certificat : parmi ces conditions, une mérite une attention particulière. L'enfant doit avoir eu la possibilité d'être entendu (art. 42 § 2 a). Les autres conditions, plus classiques, sont les suivantes : le défendeur défaillant doit avoir été informé en temps utile de la procédure engagée ; toutes les parties concernées doivent avoir eu la possibilité d'être entendues, le juge d'origine doit établir qu'il a bien tenu compte des motifs et éléments de preuve sur la base desquels le juge de l'État refuge a pris la décision de non-retour en vertu de l'article 13 de la Convention de La Haye de 1980 (art. 42 § 2 c). Cet article 13 b autorise le juge saisi de refuser le retour de l'enfant au cas où cela l'exposerait à un risque grave de danger physique ou psychique dans son pays d'origine. Son application est restreinte, y compris par le règlement Bruxelles II *bis*. Le texte est rarement invoqué et encore plus rarement appliqué, il impose au juge d'auditionner l'enfant. Par une décision du 26 septembre 2012 (*Cass. civ. 1re, 26 sept. 2012, n° 11-17.034*), la Cour de cassation approuve les juges du fond qui – en présence d'un enfant bulgare, domicilié en Bulgarie avec sa mère puis enlevé par son père en France – sont saisis d'une demande de retour par la mère et ont estimé que les conditions de l'article 13 b n'étaient pas remplies. Par suite, le moyen de cassation sur l'absence d'audition de l'enfant n'est pas admissible. La procédure du règlement Bruxelles II *bis* est d'autant plus efficace que le jugement de l'État d'origine peut être certifié alors même qu'il n'est pas immédiatement applicable en vertu de sa loi nationale ; dans cette hypothèse, la juridiction d'origine peut déclarer la décision exécutoire (art. 41 § 2 et 42 § 2). La Cour de justice des Communautés européennes renforce l'efficacité de cette procédure dans sa décision *Rinau* du 11 juillet 2008 (aff. C-195/08). Elle précise que la procédure de *fast-track* peut être lancée dès qu'une décision de non-retour est rendue par la juridiction de l'État refuge. Cette procédure est poursuivie tant que l'enfant n'est pas de retour quel que soit le devenir procédural de la décision de non-retour rendue dans l'État refuge (suspension, réformation, annulation, absence de force de chose jugée, admission d'une autre décision admettant le retour de l'enfant).

Le règlement, en application d'une clause de déconnexion négociée avec la Conférence de La Haye pour la Convention sur la protection des enfants de 1996, tend à substituer aux autres conventions internationales pour la rapidité et l'efficacité. Il convient de combiner les textes du règlement et de la convention, cette dernière intervenant dès que le règlement n'est pas applicable pour déterminer la compétence juridictionnelle. Les premières décisions interviennent sur le champ d'application dans le temps de la nouvelle convention (*Cass. civ. 1re, 20 mars 2013, 2 arrêts, n° 11-24.388, n° 11-28.025*). Pour la France, la convention de La Haye sur la protection de l'enfant est entrée en vigueur le 1er février 2011 bien que l'Union européenne y ait adhéré par une décision du 5 octobre 2006 (*Cons. UE, 5 oct. 2006, n° 2006/719/CE : JOUE 26 oct. 2006*).

■ *Le règlement (CE) n° 1346/2000 relatif aux procédures d'insolvabilité*

Le règlement (CE) n° 1346/2000 relatif aux procédures d'insolvabilité désigne le tribunal compétent pour ouvrir une procédure d'insolvabilité. Cette procédure implique l'insolvabilité du débiteur, son dessaisissement partiel ou total ainsi que la désignation d'un syndic (R. (CE) n° 1346/2000, art. 1). Le règlement combine la compétence, universelle, du tribunal de la procédure principale et celle, territoriale, des tribunaux compétents dans le cadre d'une procédure secondaire. Le tribunal compétent pour ouvrir la procédure principale est le tribunal du lieu du centre des intérêts principaux du débiteur (art. 3-1). La CJCE a précisé la notion de centre des intérêts principaux, propre au règlement, dans sa jurisprudence *Eurofood* (CJCE, 2 mai 2006 C-341/04) et *Interedil* (*CJUE, 20 oct. 2011, C-396/09, Interedil Srl*). Lorsqu'un débiteur est une filiale dont le siège statutaire et celui de sa société mère sont situés dans deux États membres différents, la présomption concernant le centre des intérêts principaux (art. 3-1) en faveur du siège statutaire du débiteur ne peut être réfutée que si des éléments objectifs et vérifiables par les tiers permettent d'établir l'existence d'une situation réelle différente de celle que la localisation audit siège statutaire est censée refléter. Lorsqu'une société exerce son activité sur le territoire de l'État membre où est situé son siège social, le fait que ses choix économiques soient ou puissent être contrôlés par une société mère établie dans un autre État membre ne suffit pas pour écarter la présomption prévue par ledit règlement. Par conséquent, la Cour refuse de prendre en compte la notion de groupe de t s'attache au siège statutaire de la société débitrice fut-elle une simple filiale d'un nt la société mère est elle-même en difficulté. La question du sort des groupes de era sans nul doute une des questions les plus discutées lors de la révision du règlement qui s'est engagée en 2011.

Le règlement d'insolvabilité qui concerne l'ensemble des États membres, à l'exception du Danemark, a fait l'objet de nombreuses applications dont l'une des plus médiatisées est l'affaire *Eurotunnel*.

■ *Le règlement (CE) n° 4/2009 du conseil relatif à la compétence, la loi applicable, la reconnaissance et l'exécution des décisions et la coopération en matière d'obligations alimentaires du 18 décembre 2008*

Ce règlement, qui ne concerne pas le Danemark, a vocation à remplacer les dispositions du règlement (CE) n° 44/2001 relatives aux obligations alimentaires. Il pose des règles de compétence s'inscrivant dans la continuité des textes internationaux. Le principe est la compétence du tribunal du lieu où le créancier a sa résidence habituelle (art. 3 b)), où le défendeur a sa résidence habituelle (art. 3 a)). Le choix de la juridiction compétente par les parties est possible, mais elle est strictement encadrée pour éviter toutes les manipulations de compétence à des fins dilatoires. L'article 4 précise les juridictions susceptibles d'être choisies assurant un lien de rattachement réel entre le juge compétent et le litige sur les obligations alimentaires. Il faut souligner que le règlement instaure également des règles de conflit de lois en renvoyant à celle de la Convention de La Haye du 23 novembre 2007 sur la loi applicable aux obligations alimentaires. La règle de conflit principale désigne la loi de l'État de la résidence habituelle du créancier de l'obligation alimentaire. Le texte réserve la mise en œuvre de l'exception d'ordre public.

■ *La procédure européenne de règlement des petits litiges (R. (CE) n° 861/207 du Parlement européen et du Conseil du 11 juillet 2007, instituant une procédure européenne de règlement des petits litiges)*

Ce règlement, qui ne concerne pas le Danemark, institue une procédure parallèle qui s'ajoute aux procédures nationales existantes pour obtenir le paiement d'une créance d'un montant inférieur à 2 000 € dans un litige transfrontalier. Le règlement fournit en annexe le formulaire d'introduction de la demande devant le tribunal compétent. Ce dernier, par l'utilisation d'un formulaire de réponse, notifie l'acte au défendeur. Dans les trente jours de la réception des réponses du défendeur, le tribunal doit rendre une décision.

Les dispositions communautaires tendent à constituer un corps de règles de droit commun régional qui prend une place toujours plus importante dans le droit des États membres. Cette importance se vérifie aussi en ce qui concerne la compétence indirecte.

D'autres textes peuvent être signalés : la directive 2008/52 du 21 mai 2008 sur certains aspects de la médiation en matière civile et commerciale (à transposer avant le 21 mai 2011), le règlement CE n° 1206/2001 du 28 mai 2001 relatif à la coopération entre les juridictions des États membres dans le domaine de l'obtention des preuves en matière civile et commerciale (pour une première application à propos de l'indemnisation d'un témoin, *CJUE, 17 février 2011, n° C-283/09*).

La compétence indirecte, les effets des jugements étrangers

CHAPITRE
6

Une constatation s'impose : il n'est pas possible de donner le même statut aux décisions étrangères et aux décisions françaises. Le pouvoir de coercition d'un jugement est limité aux frontières de l'État au nom duquel est rendue la justice.

L'exécution forcée d'une décision étrangère implique donc nécessairement un contrôle. Elle n'est pas le seul effet des jugements étrangers ; ces derniers, en s'insérant dans l'ordre juridique du for, peuvent constater la modification d'une situation juridique (divorce rendu à l'étranger par ex.). La jurisprudence a élaboré la procédure d'*exequatur*. L'*exequatur*, une fois acquis, confère au jugement étranger la totalité des effets en France, c'est-à-dire autorité de la chose jugée et force exécutoire. Dans le cadre de l'Union européenne, le règlement 44/2001 issu de la Convention de Bruxelles est particulièrement important car il assure une reconnaissance et une exécution des jugements en matière civile et commerciale simplifiée. Le prochain règlement dit Bruxelles I *bis* assouplit encore les règles de reconnaissance et d'exécution des décisions dans l'Union européenne. Il n'est pas le seul texte, de nombreux règlements assurent la libre circulation des jugements dans l'Union européenne. Ils complètent donc les dispositions du droit commun français.

1 Les effets des jugements étrangers en droit commun

Il convient de distinguer l'*exequatur* et les effets des jugements indépendants de l'*exequatur*.

■ *L'exequatur*

La procédure est le fait de la jurisprudence. Les décisions susceptibles d'*exequatur* sont les jugements étrangers, c'est-à-dire les décisions rendues au nom d'une souveraineté étrangère au nom de laquelle le tribunal intervient. Il importe peu qu'ils soient rendus à titre gracieux ou contentieux. L'article 509 du Code de procédure civile vise également les actes étrangers et les sentences arbitrales. L'objet de la décision doit être de droit privé.

a) le régime procédural de l'*exequatur*

Le tribunal de grande instance a une compétence exclusive. La compétence territoriale est celle du domicile du défendeur. La demande doit être présentée par voie d'assignation, la procédure a un caractère contentieux, elle est contradictoire. Les parties à l'instance sont souvent les mêmes que celles du procès d'origine. Le juge ne réalise qu'un contrôle du jugement étranger. L'alternative est la suivante : accorder ou refuser *l'exequatur*. Si l'*exequatur* est accordé, la décision étrangère reçoit l'autorité de la chose jugée et la force exécutoire. Le refus de l'*exequatur* laisse subsister l'autorité de la chose jugée entre les parties qui ne peuvent pas former une nouvelle demande, mais elle s'oppose à la reconnaissance de la décision jugée à l'étranger. Le jugement d'*exequatur* peut faire l'objet de toutes les voies de recours de droit commun admises en droit.

b) les conditions d'octroi de l'*exequatur*

L'exclusion de la révision de la décision étrangère interdit au juge de la réformer. Cependant, il pouvait vérifier tous les points de droit et de faits tranchés par la juridiction étrangère afin de contrôler s'ils sont bien conformes aux exigences du for. La jurisprudence fondatrice est l'arrêt *Munzer* du 7 janvier 1964. Elle fixe 5 points de contrôle de la régularité de la décision étrangère :

- la juridiction étrangère ayant statué doit être compétente ;
- la procédure suivie à l'étranger doit être régulière ;
- la loi appliquée pour rendre la décision par le tribunal étranger doit être la loi compétente selon la règle de conflit du for ;
- le jugement ne doit pas être contraire à l'ordre public international français ;
- la décision étrangère ne doit pas être le résultat d'une fraude.

L'arrêt *Bachir* du 4 octobre 1967 a ramené le nombre de ces conditions à 4. L'évolution n'était pas achevée. Deux décisions de la Cour de cassation allègent encore le contrôle opéré dans le cadre de la procédure d'*exequatur* : l'arrêt *Pieur* du 23 mai 2006 et l'arrêt *Cornelissen* du 20 février 2007. Le premier réduit le champ d'application de l'article 15, il s'accompagne de son corollaire, l'arrêt *Fercometal*, concernant l'article 14 en date du 22 mai 2007. Le second restreint de manière drastique le contrôle de la loi applicable. Il convient d'envisager les conditions de l'*exequatur* à travers ce qu'il en reste.

1) Le contrôle de compétence de la juridiction étrangère

Ce contrôle comporte deux éléments : la compétence internationale indirecte, d'une part, et la compétence internationale exclusive, d'autre part. En ce qui concerne la compétence internationale indirecte, elle suppose que l'on définisse un critère de compétence. L'arrêt *Munzer* est silencieux sur ce point. L'arrêt *Simitch* en date du 6 février 1985, énonce « toutes les fois que la règle française de solution de conflits de juridiction n'attribue pas compétence exclusive aux tribunaux français, le tribunal étranger doit être reconnu compétent si le litige se rattache de manière caractérisée au pays dont le juge a été saisi, et si le choix de la juridiction n'a pas été frauduleux ». Depuis cette décision, il convient de vérifier trois points :

- l'existence d'un lien caractéristique entre le litige et le juge saisi ;
- l'absence de fraude ;
- l'absence de compétence exclusive des tribunaux français. Cette dernière condition se trouve restreinte par l'arrêt *Prieur*. Ce dernier énonce que « l'article 15 du Code civil ne consacre qu'une compétence facultative de la juridiction française, impropre à exclure la compétence indirecte d'un tribunal étranger dès lors que le litige se rattache de manière caractérisée à l'État dont la juridiction est saisie et que le choix de la juridiction n'est pas frauduleux ». L'arrêt *Fercométal* franchit une étape supplémentaire sur ce point visant l'article 14 du Code civil en précisant que cette disposition « n'ouvre au demandeur français qu'une simple faculté, et n'édicte pas à son profit une compétence impérative, exclusive de la compétence indirecte d'un tribunal étranger déjà saisi et dont le choix n'est pas frauduleux » (*Cass. civ. 1re, 22 mai 2007*). Par conséquent, désormais, l'existence de la compétence exclusive en application de l'article 15 ou de l'article 14 du Code civil n'est plus une condition de refus de l'*exequatur*. La Cour de cassation confirme l'état de sa jurisprudence dans une décision du 30 septembre 2009 (*Cass. civ. 1re, 30 septembre 2009, n° 08-18.769*) en rappelant que même si la juridiction française est la première saisie d'une demande en divorce, le jugement américain prononçant le divorce doit être reconnu en France dès lors que le litige se rattache de manière caractérisée aux États-Unis, qu'il est prouvé que la saisine du juge américain n'est pas frauduleuse et que l'ordre public est respecté.

2) La suppression du contrôle de compétence de la loi applicable

Avant l'arrêt *Cornelissen* du 20 février 2007, la loi appliquée par le juge étranger devait être la loi désignée comme compétente par la règle de conflit française. Cette condition, survivance de la révision des décisions étrangères, faisait l'objet de sévères critiques. Elle était atténuée dans sa mise en œuvre. Le premier tempérament est introduit par l'arrêt *Drichemont* du 29 juillet 1929. Il précise que la condition est remplie lorsque le juge étranger, bien qu'il ait appliqué une loi incompétente en application de la règle de conflit française, a mis en œuvre une loi dont le contenu est équivalent à la loi désignée par la règle de conflit française. L'équivalence se constate en comparant la loi effectivement appliquée et la loi applicable selon la règle de conflit française. Elle est acquise lorsque le résultat auquel le juge étranger est parvenu est le même que celui auquel aurait conduit la loi compétente d'après le for. Le second tempérament tient dans le mécanisme du renvoi. Ces aménagements n'ont désormais plus lieu d'être dans le cadre de l'*exequatur* car avec l'arrêt *Cornelissen* la condition du contrôle de la loi applicable disparaît. La Cour de cassation le supprime en des termes nets « pour accorder l'*exequatur* hors de toute convention internationale, le juge français doit s'assurer que trois conditions sont remplies, à savoir la compétence indirecte du juge étranger, fondée sur le rattachement du litige au pays saisi, la conformité à l'ordre public de fond et de procédure et l'absence de fraude à la loi ».

3) L'absence de contrariété à l'ordre public

Depuis l'arrêt *Bachir* (*Cass. civ. 1re, 4 octobre 1967*), l'ordre public de fond et l'ordre public procédural sont examinés en même temps. L'ordre public de fond relève de l'ordre public atténué (*arrêt Rivière, préc.*) car les droits en cause sont nécessairement acquis à l'étranger. Cependant, l'ordre public, même atténué, peut conduire à l'éviction de la loi étrangère. Ainsi l'éviction de la loi étrangère et le refus de l'*exequatur* s'imposent en présence d'une répudiation (*encore récemment dans le cadre d'une litispendance, Cass. civ. 1re, 20 oct. 2010, n° 09-15.379*). En revanche, la distinction est faite entre répudiation et divorce pour discorde marocain qui n'est pas contraire à l'ordre public (*Cass. civ. 1re, 23 février 2011 n° 10-14.760*). L'ordre public procédural vise en réalité à contrôler le respect des droits fondamentaux, notamment les droits de la défense. La procédure est contradictoire. Le défendeur doit être entendu utilement. L'*exequatur* a été refusé à cause de la brièveté excessive du délai de comparution, rendant impossible la préparation de sa défense. La motivation insuffisante d'une décision étrangère est contraire à l'ordre public justifiant le refus de l'*exequatur* (*Cass. civ. 1re, 22 octobre 2008*). En outre, la loi étrangère doit offrir les voies de recours indispensables. Il est souvent discuté des moyens de preuve.

4) L'absence de fraude

L'arrêt *Munzer* évoque la ***fraude à la loi***, le contrôle dépasse peut-être ce seul cadre, la jurisprudence tient compte de la fraude aux droits de la défense ; la condamnation de la fraude à la loi doit être comprise au sens de la condamnation de la fraude dans le cadre des conflits de lois (*Princesse de Beauffremont*, préc.). Il y a aussi fraude à la loi lorsque les parties saisissent un juge étranger dans le but qu'en application de sa propre règle de conflit, il désigne la loi souhaitée par elles. En ce qui concerne la ***fraude au jugement***, l'arrêt *Simitch* la définit *a contrario* en précisant qu'il faut un lien sérieux entre le tribunal saisi et le litige ; cette condition n'est pas remplie s'il n'existe pas plusieurs points de contact entre le tribunal saisi et le rapport de droit litigieux. La Cour de cassation rappelle la nécessité pour les juges du fond de contrôler l'éventuelle fraude au jugement français lorsqu'ils reconnaissent la compétence du juge étranger, en l'espèce la compétence d'un tribunal algérien pour prononcer le divorce de deux époux algériens (*Cass. civ. 1re, 30 septembre 2009, n° 08-16.883*). Désormais, les trois conditions à vérifier pour obtenir l'*exequatur* sont :

– la compétence indirecte du juge étranger ;
– la conformité à l'ordre public de fond et procédural ;
– l'absence de fraude.

En outre, l'*exequatur* ne peut pas être accordé à un jugement étranger qui va à l'encontre d'un jugement français déjà rendu.

Les nouvelles conditions de l'*exequatur* sont vérifiées dans un arrêt du 30 janvier 2013 (*Cass. civ. 1re, 30 janvier 2013, n° 11-10.588*). La compétence de la juridiction était acquise en application d'une clause de prorogation de compétence régulièrement conclue et non contestée devant le juge. Aucune violation de l'ordre public n'est constatée, les procédures, délais, voies de recours permettaient de garantir les droits de la défense. Le défaut d'impartialité de la juridiction russe est écartée faute de preuve. Ainsi le dirigeant russe qui s'était porté caution pour un prêt consenti à sa société devait s'exécuter. La Cour de cassation reste vigilante sur l'importance de la motivation de la décision étrangère, ainsi elle refuse la conformité à l'ordre public procédural dès que les décisions interprétatives sont rendues après la saisine du juge de l'*exequatur* (*Cass. civ. 1re, 7 nov. 2012, n° 11-23.871*).

■ *Les effets des jugements indépendants de l'exequatur*

Il existe des effets attachés aux jugements étrangers qui découlent de leur seule existence indépendamment de la procédure d'*exequatur*.

a) La nature des effets indépendants de l'*exequatur*

Il faut envisager deux aspects : l'effet de plein droit des jugements étrangers qui bénéficient d'une présomption d'efficacité et la reconnaissance.

1) La présomption d'efficacité des jugements étrangers

Elle se retrouve dans différentes hypothèses. Les jugements étrangers ont une force probante indéniable, ils sont un moyen de preuve. Même privé de l'autorité de chose jugée, le jugement étranger est un *instrumentum* conférant des droits et des obligations. On parle d'effet de titre.

1) La présomption d'efficacité des jugements étrangers

Un jugement étranger peut aussi constituer une juste cause, effet de juste cause, en ce sens il constitue une cause légitime.

2) La reconnaissance des jugements

Elle se compose de deux éléments :

- l'autorité de la chose jugée, ce qui constitue une autorité négative d'abord. Elle fait obstacle au renouvellement en France d'un procès déjà jugé à l'étranger. Une décision étrangère régulière peut être opposée au juge français comme exception de chose jugée ;
- l'efficacité, ensuite : cette dernière suppose que soient prises en considération les modifications que la décision étrangère apporte au rapport de droit concerné.

Certains jugements, essentiellement les jugements d'état et de capacité des personnes (divorce, changement de nom, décision étrangère prononçant l'adoption, décision étrangère en matière d'incapacité, etc.), ont une autorité de plein droit (autorité de chose jugée et efficacité substantielle). Le principe est posé par les jurisprudences *Bulkley* (*28 février 1860*) et *Hainard* (*Req. 3 mars 1930*). La reconnaissance du divorce marocain pour discorde, distinct de la répudiation a été acceptée par une décision du 23 février 2011. En revanche, la reconnaissance d'un jugement américain qui refusait au père la possibilité de présenter ses enfants à sa maîtresse tant qu'il n'est pas marié avec elle a été refusée au nom de la violation de l'ordre public de fond. Le jugement ne respecte pas l'égalité entre les époux (*Cass. civ. 1re, 4 nov. 2010, n° 09-15.302*). La reconnaissance s étend de plus en plus souvent au-delà des jugements d'état et capacité des personnes. L'extension repose sur le critère de la création d'une situation nouvelle. Les jugements concernés en premier lieu sont les jugements constitutifs, par exemple un jugement d'adjudication, un jugement nommant un « syndic » dans une procédure d'insolvabilité, un jugement donnant des pouvoirs d'administration en matière successorale. Cette extension ne vaut pas pour les jugements déclaratifs. L'arrêt *Hainard* rappelle le principe de la reconnaissance et en fixe les limites, elle ne s'applique pas en cas d'exécution matérielle sur les biens ou en cas de coercition sur les personnes. L'exécution forcée dépasse le cadre de l'efficacité de plein droit puisqu'elle implique une coercition, la procédure d'*exequatur* est alors indispensable. En revanche, si l'exécution est faite volontairement, on peut supposer que l'*exequatur* n'est pas indispensable. La date de l'autorité de la chose jugée est celle du jour où le jugement est devenu définitif dans l'État dont il émane et bénéficie, en France, de plein droit de l'autorité de chose jugée. Il a donc autorité de chose jugée à la même date que dans son pays. L'autorité de la chose jugée entraîne l'effet extinctif : une nouvelle demande en France concernant les mêmes parties, la même demande, le même litige se voit opposer une fin de non-recevoir. Cependant, cette autorité est précaire car elle peut être contestée à tout moment. C'est la différence entre un jugement français passé en force de chose jugée et un jugement étranger. La régularité du jugement français ne peut pas être remise en cause tandis que la régularité du jugement étranger peut être contestée. Cette contestation n'est enfermée dans aucun délai.

b) Le contrôle des jugements étrangers non soumis à procédure

Il est possible de s'opposer à un jugement étranger ; il existe des procédures de contrôle.

1) Contrôle par voie incidente

Il intervient lorsque le jugement étranger est invoqué à l'occasion d'un litige en cours devant un tribunal français sous forme d'exception ou de moyen de défense. Le juge français contrôle à titre d'incident la régularité du jugement étranger.

2) Contrôle par voie principale

Il prend deux formes : l'action en inopposabilité d'une part, l'action en opposabilité, d'autre part. L'action en inopposabilité est une sorte de contre-*exequatur*. Une personne peut avoir un intérêt légitime à agir pour établir que la décision étrangère ne remplit pas les conditions d'*exequatur*. L'action en inopposabilité bloque les effets de la reconnaissance. Cette action est admise depuis la jurisprudence *Weiller* (*Civ., 22 janvier 1951*). L'action en inopposabilité reprend les conditions de l'*exequatur* mais pour prouver qu'elles ne sont pas remplies afin de prouver l'irrégularité de la décision étrangère.

L'action en opposabilité permet à une juridiction, à titre principal, de proclamer la régularité d'un jugement étranger en matière d'état et capacité des personnes, des jugements constitutifs. Cette action confirme la régularité du jugement. Les effets sont moindres que ceux de l'*exequatur*, mais on évite les contestations ultérieures. L'autorité de la décision n'est plus précaire. Cette action est accueillie par la jurisprudence. Un débat est ouvert : peut-on la distinguer de la procédure d'*exequatur* ? Une réponse apportée par la Cour de cassation est favorable à la confusion entre l'action en opposabilité et l'*exequatur* (*Civ. 1re, 3 janvier 1980, Garino*) : « si l'objet principal de l'instance en *exequatur* est de permettre l'exécution forcée en France du jugement étranger, il n'est pas interdit de recourir à cette procédure en vue de faire établir même préalablement à une autre instance la régularité du jugement étranger, dès lors que le demandeur en *exequatur* y a intérêt... ».

Action en opposabilité ou en inopposabilité, les points de contrôle sont les mêmes que ceux de l'*exequatur* tels que définis par la jurisprudence.

Le droit commun est devenu subsidiaire car il ne trouve plus à s'appliquer dans l'espace judiciaire européen qui dépend d'autres textes dont le plus important est le règlement 44/2001, mais également le règlement (CEE) 2201/2003 relatif au divorce et à la responsabilité parentale, le règlement

(CEE) n° 1346/2000 relatif aux procédures d'insolvabilité, et le règlement (CEE) n° 804/2004 relatif au Titre exécutoire européen et les règlements de procédure civile.

2 Les effets des jugements étrangers dans l'Union européenne

La restriction des points de contrôle est le maître mot des dispositions de l'Union européenne car les procédures de contrôle sont simplifiées à l'extrême. La reconnaissance et l'*exequatur* simplifiés visent les décisions entrant dans le champ d'application de la convention et des règlements communautaires. Cependant, le degré de simplification est variable selon les textes. Les décisions peuvent ou non avoir acquis l'autorité de chose jugée. Elles peuvent être gracieuses ou contentieuses : être contradictoires ou par défaut. Les textes de l'Union européenne sont toujours plus nombreux et sont d'ores et déjà en vigueur.

■ *La Convention, le règlement de Bruxelles I et le règlement Bruxelles I* bis

L'interdiction de la révision (art. 29, 34, al. 3 C. ; art. 36, 45 § 2 R.) est posée comme un principe. Cette solution est confirmée par la jurisprudence qui pose le principe de la suppression de tous les contrôles. Il en est ainsi du contrôle relatif à la compétence de juge. Toutefois, il faut noter trois exceptions.

La première concerne l'application de la loi dans le temps.

La seconde tend à prendre en compte les conventions signées avec les États tiers.

La troisième se vérifie lorsque sont en cause certaines règles de compétence de l'Union européenne que sont les articles 28 de la Convention et 35 § 1 du règlement ; la reconnaissance est refusée si les dispositions concernant les dispositions exclusives concernant les contrats d'assurance et les contrats de consommateurs ont été méconnues. Une question se pose car cette solution n'a pas été reprise pour les règles de compétence en matière de contrat de travail. Pourtant ces dispositions tendent aussi à protéger la partie faible.

Il en est ainsi du contrôle relatif à la loi applicable. En la matière, il y a une différence entre la convention et le règlement. Les deux posent le principe de l'absence de contrôle. Cependant, la convention prévoyait une exception (art. 27-4°), le règlement n'en prévoit pas. L'exception vise les hypothèses où à titre incident le juge a eu à trancher un litige relevant de l'état ou la capacité des personnes physiques ou des régimes matrimoniaux ou des testaments, successions. Le principe de l'équivalence atténue l'exception et sa portée. La révision reste interdite même en présence de ce contrôle. Le règlement de Bruxelles *Ibis* ira plus loin, l'article 39 donne force exécutoire aux décisions européennes « sans qu'une déclaration constatant la force exécutoire soit nécessaire ». Cependant, le contrôle juridictionnel de contrôle postérieur reste possible. La décision dans l'Union européenne sera exécutoire de plein droit (non plus seulement reconnue de plein droit) ce qui signifie que les mesures conservatoires et d'exécution de l'État requis pourront être immédiatement demandées. Par principe, les droits de la défense sont considérés comme sauvegardés par la notification. Les voies de recours sont ouvertes dans le pays requis pour l'exécution et les dispositions antérieures du règlement 44/2001 se retrouvent : atteinte à l'ordre public, irrégularité des notifications dans les procédures par défaut, inconciliabilité des décisions, violation des règles de compétence impératives, exclusives de l'Union européenne.

a) La restriction des points de contrôle

La procédure se déroule, dans les deux textes, en deux temps. La première est une requête unilatérale, la seconde ne s'ouvre qu'en cas de contestation et repose sur une procédure contradictoire. Dans le prochain règlement, la première étape est supprimée, mais les voies de recours restent ouvertes devant les juridictions de l'État membre requis sur les mêmes points de contrôle. Les articles 27 de la convention et 34 du règlement posent trois motifs susceptibles de justifier le refus de la reconnaissance comme de l'exécution. Il s'agit de l'ordre public, du non-respect des droits du défendeur défaillant et de l'inconciliabilité de la décision initiale avec la décision objet du contrôle.

1) L'ordre public

L'article 27.10 C. et l'article 34 § 1 du règlement maintiennent de l'exception de l'ordre public.

Une interprétation stricte de l'ordre public de fond et procédural est retenue. L'ordre public procédural dépend des articles 27-1° C., 34 § 1 du règlement. La cour (*CJCE. Dieter Krombach, 28 mars 2000, aff. C-7/98*) reste favorable à un contrôle général des droits de la défense sur le principe de la jurisprudence *Bachir* et estime possible de sanctionner une violation de l'ordre public sur le fondement de l'article 27-1 C. D'ores et déjà au nom de l'ordre public, on refuse de reconnaître ou de donner exécution à une décision qui est non ou insuffisamment motivée. L'exclusion du défendeur de la procédure devant le tribunal de l'État d'origine en raison de l'inexécution d'une injonction juridictionnelle est une atteinte au droit du défendeur d'être entendu et est contraire à l'ordre public (*arrêt Gambazzi c/DaimlerChrysler Canada inc., CJCE, 2 avril 2009, aff. C-394/07*).

L'ordre public substantiel reste étroitement lié à la fraude. Le contrôle de cette dernière pose question. En effet, sa présence n'est pas toujours décelable dans le jugement d'origine. En outre, le refus du contrôle de la loi applicable rend impossible le contrôle de la fraude à la loi.

La notion d'ordre public est nationale, pourtant elle est encadrée par la CJCE en application des articles 27-1° C et 34 § 1 du règlement d'après sa décision *Renault c/Maxicar* du 11 mai 2000 (*aff. C-38/98*).

2) Les droits du défendeur défaillant

La violation des droits du défendeur défaillant est un autre contrôle prévu par les articles 27-2 C. et 34 § 2 R. Des conditions particulières distinctes et cumulatives limitent l'application de ce contrôle. Une de ces conditions est commune à la convention et au règlement : l'acte introductif d'instance a dû être signifié ou notifié au défendeur en temps utile. La seconde condition (figurant dans la convention et supprimée dans le règlement) précise que la notification doit être régulière.

Le règlement n° 44/2001 innove par la prise en compte du fait que le défendeur défaillant n'a pas exercé de recours à l'encontre de la décision alors qu'il était en mesure de le faire. Dans cette hypothèse, il ne peut plus invoquer le fait qu'il était défaillant dans la première instance.

3) L'inconciliabilité des décisions

L'inconciliabilité des décisions est un motif de refus de reconnaissance ou d'exécution. Le but de cette disposition est d'éviter l'exécution en Europe de deux décisions contradictoires. Les conditions à vérifier sont les suivantes : il faut qu'il y ait deux décisions (une transaction judiciaire n'est pas une décision), il faut qu'elles soient inconciliables, c'est-à-dire qu'elles entraînent des conséquences juridiques qui s'excluent mutuellement (*CJCE, Hoffman c/Krieg, 4 février 1988*), le même arrêt précise qu'il est sans incidence que la décision porte sur une matière relevant de la convention, du règlement ou pas. L'arrêt *Italian leather* du 6 juin 2002 confirme cette jurisprudence.

b) Les procédures de contrôle

Le principe du règlement est l'apposition quasi-automatique de la formule exécutoire. Cette déclaration disparaîtra dans le Règlement Bruxelles I*bis*. Sous l'empire du règlement Bruxelles I, on retrouve deux stades dans la procédure, mais elles n'ont plus le même sens que dans le cadre de l'application de la Convention. Dans le règlement 44/2001, la première phase de la procédure n'est plus que formelle, l'article 41 précise qu'il suffit de produire les pièces requises par l'article 53, c'est-à-dire une expédition de la décision étrangère permettant de s'assurer de son authenticité, éventuellement le certificat de l'article 54 qui permet d'attester du caractère exécutoire de la décision. Dans cette première phase, l'État requis ne peut pas vérifier s'il existe un motif de refus de la reconnaissance ou de l'exécution. Ce contrôle ne peut être mené que dans la seconde phase.

1) *La première phase*

C'est une requête et la procédure est ***unilatérale***. Toute personne intéressée ayant intérêt à agir peut intervenir. C'est la loi de l'État requis qui détermine les modalités de dépôt de la requête, (art. 33, al. 1 C. et 40 § 1 R.). Une différence majeure oppose le règlement et la convention. Le règlement supprime tout contrôle dans la première phase de la procédure, ce n'est qu'en cas de contestation, et d'ouverture de la seconde phase de la procédure, que des contrôles sont opérés. En outre, la requête unilatérale, dans le règlement, ne donnerait plus lieu à une décision de justice, comme dans la convention, mais à une simple déclaration (art. 38 § 1 R.) relative à la force exécutoire après un examen formel prévu par l'article du règlement. Est-ce seulement une déclaration ? Dans le cadre du règlement, la solution est ambiguë car l'article 41 précise que l'autorité de l'État requis déclare exécutoire la décision de l'État d'origine tandis que l'article 42, plus ambigu encore, fait référence à une décision. Il faudra attendre les résultats de la pratique et la jurisprudence. La formule exécutoire est quasi-automatique. Tous les recours sont rejetés lors de la 2e étape. La principale conséquence réside dans la rapidité de cette 1re phase. Cette première phase est vouée à disparaître dans le prochain règlement puisque reconnaissance et exécution seront automatiquement accordées.

2) *La seconde phase : le recours et la procédure contradictoire*

Dans le cadre du règlement, cette seconde phase a pour but de permettre de réintroduire un contrôle judiciaire portant sur la conformité du jugement étranger par rapport aux articles 34 et 35.

En France, c'est la Cour d'appel qui est compétente. Les seuls recours possibles sont ceux des articles 36 et 40 de la convention et 40 du règlement. La seconde phase est contradictoire.

Elle subsistera comme unique phase de contrôle par les voies de recours de l'État membre requis en application du règlement Bruxelles I*bis*.

■ *Le règlement (CE) n° 2201/2003 « Bruxelles II* bis »

La restriction des points de contrôle se retrouve dans les règlements relatifs au divorce et à l'autorité parentale ainsi que dans le règlement relatif aux procédures d'insolvabilité. Dans les deux cas, la procédure est simplifiée mais pas autant que dans le règlement 44/2001.

Les règles sur la reconnaissance et l'exécution de Bruxelles II *bis* reproduisent les règles du règlement (CE) n° 1347/2000 du Conseil en la matière. En matière de reconnaissance, le principe est la reconnaissance automatique de toute décision en limitant les motifs de refus pour des décisions en matière matrimoniale et en matière de responsabilité parentale aux points de contrôle inspirés de ceux du règlement (CEE) n° 44/2001. Le refus n'est donc envisageable que si la reconnaissance est manifestement contraire à l'ordre public, si le défendeur est dans l'impossibilité de pourvoir à sa défense à cause d'une notification tardive de l'acte introduction d'instance, si la reconnaissance est inconciliable avec une autre décision.

Pour les décisions en matière de responsabilité parentale, il y a deux motifs de non-reconnaissance additionnels. Le premier concerne l'audition de l'enfant. Le second concerne l'audition d'une personne faisant valoir que la décision fait obstacle à l'exercice de sa responsabilité parentale. En cas d'absence d'audition, le refus de reconnaissance est envisageable. En matière d'exécution, une décision sur l'exercice de la responsabilité parentale peut être déclarée exécutoire dans un autre État membre à la demande d'une partie intéressée. La décision constatant force exécutoire peut faire l'objet d'un recours. L'audition de l'enfant n'est pas une raison pour refuser le retour de l'enfant en cas d'enlèvement (*CJUE, 1er juill. 2010, Poyse, aff. C-211/10*).

Toute décision concernant le droit de visite et le retour de l'enfant qui a été prise conformément aux dispositions du présent règlement sera automatiquement reconnue et exécutée dans tous les États membres sans qu'il soit nécessaire de recourir à une quelconque procédure (suppression de l'*exequatur*) pourvu que la décision soit accompagnée d'un certificat dont le modèle type concernant le droit de visite et le retour de l'enfant est disponible en annexe du présent règlement (respectivement annexe III et annexe IV). Le certificat délivré aux fins de faciliter l'exécution de la décision n'est susceptible d'aucun recours. Toutefois, il est possible d'entamer une action en rectification, dans le cas où le certificat ne reflète pas correctement le contenu de la décision.

La procédure d'exécution est régie par le droit national de l'État membre d'exécution. Il faut également distinguer la décision qui reconnaît le droit de visite des modalités pratiques de l'exercice. Le juge de l'État membre d'exécution peut déterminer les modalités pratiques de l'exercice du droit de visite si les modalités nécessaires n'ont pas été prévues dans la décision par les juridictions de l'autre État membre où la décision de droit de visite a été rendue. En déterminant les modalités pratiques, le juge doit toutefois respecter les éléments fondamentaux de la décision.

Dans le cadre de la procédure de *fast track* assurant le retour de l'enfant dans l'État du lieu de sa résidence habituelle en cas d'enlèvement de l'enfant est revêtue d'une force exécutoire particulière qui est matérialisée par la délivrance d'un certificat. La Cour de justice confère tous ses effets à cette décision en assurant son exécution grâce à la restriction des hypothèses de refus du retour de l'enfant (*CJUE, 1er juill. 2010, Poyse, aff. C-211/10; CJUE, 1er juill. 2010, Aguirre Zarraga, aff. C-491/10*). La Cour de cassation fait preuve du même souci en présence d'une mesure provisoire confiant la garde de l'enfant en France, elle fait quand même droit à la demande de retour de l'autorité anglaise (*Cass. civ. 1re, 8 juill. 2010, n° 09-66.406; sur les mesures provisoires; CJUE, 9 nov. 2010, aff. Purrucker I et II, n° C- 296/10*).

Le règlement relatif aux procédures d'insolvabilité

Dans le cadre du règlement (CE) n° 1346/2000 relatif aux procédures d'insolvabilité, le chapitre II du règlement porte sur la reconnaissance de la procédure d'insolvabilité. La décision ouvrant la procédure est reconnue dans les autres États membres dès qu'elle produit ses effets dans l'État d'ouverture. Cette reconnaissance de plein droit est une innovation majeure car, en la matière, c'est l'*exequatur* qui s'imposait même si la procédure était menée de manière libérale. Cette reconnaissance de plein droit supporte quelques limites. Outre l'ignorance de l'ouverture de la procédure, on retrouve l'exception de l'ordre public et les principes fondamentaux ou droits et libertés garanties par sa constitution. La conception de l'ordre public est une fois encore particulièrement restrictive. La Cour de cassation, le 27 juin 2006, a précisé que l'absence d'audition des représentants du personnel préalablement à la décision d'ouverture de la procédure d'insolvabilité ne constitue pas une violation manifeste d'un droit fondamental à être entendu et n'est pas contraire à l'ordre public.

En ce qui concerne les autres décisions relatives à la procédure d'insolvabilité, la reconnaissance se fait sans formalité. Quant à l'exécution, le règlement renvoie à la Convention de Bruxelles de 1968. Pour certains, il faut comprendre ce renvoi comme une référence au règlement 44/2001 après son entrée en vigueur. Le principe de libre circulation des jugements plaide en faveur du renvoi implicite au règlement n° 44/2001. La jurisprudence de la CJCE confirme cette approche de manière indirecte en précisant que le champ d'application du règlement et de la Convention de Bruxelles I est le même et que le règlement remplace désormais la convention (*CJCE, 2 juillet 2009, aff. C-111/08 et 10 septembre 2009, aff. C-292.08*). Cette approche est confirmée par les travaux préparatoires de la réforme du règlement. En ce qui concerne les pouvoirs conférés au syndic, le règlement est révolutionnaire. Le syndic de la procédure principale, celle du lieu de centre des intérêts, peut exercer tous les pouvoirs qui lui sont conférés par l'État d'ouverture. En ce qui concerne la réalisation des biens, le syndic doit respecter la loi de l'État membre où il agit. Ces pouvoirs peuvent être particulièrement étendus.

Le règlement (CE) n° 4/2009 sur les obligations alimentaires

Le nouveau règlement supprime l'*exequatur* pour l'ensemble des décisions relatives aux obligations alimentaires. Il y substitue les règles de reconnaissance et d'exécution du règlement n° 44/2001 dit de Bruxelles I. Il n'y aura donc plus de contrôle de l'ordre public au stade de l'exécution en ce qui concerne les décisions touchant aux obligations alimentaires.

L'innovation caractéristique du règlement n° 4/2009 consiste dans l'instauration d'un système de coopération administrative pour assister le créancier d'aliment à tous les stades du contentieux.

Ce système de coopération, dans l'esprit de ce qui existe en matière de déplacement illicite des enfants, suppose la mise en place d'une autorité centrale dans chaque État membre liés par le règlement (c'est-à-dire tous les États membres à l'exception du Danemark). Cette autorité centrale pourra favoriser les règlements à l'amiable, faciliter le recouvrement des pensions alimentaires, fournir, éventuellement, une assistance en vue de l'établissement de la filiation. Les autorités des États membres facilitent la circulation de l'information, notamment en vue de localiser le débiteur, entre les autorités compétentes des États membres.

■ *Le Titre exécutoire européen*

Le Titre exécutoire européen (TEE) du règlement (CEE) 804/2004 (*JOUE L. 143 du 30.04.2004, p. 15*) supprime, quant à lui, toutes les mesures intermédiaires. Il est directement exécutoire pour les créances incontestées. Ce titre transfrontière concerne donc les créances constatées par des décisions judiciaires, des transactions judiciaires et par un acte authentique (art. 3-1 R. 805/2004). Par conséquent, dans les limites de sa force exécutoire, un acte notarié certifié en tant que TEE dans l'État membre d'origine, est reconnu et exécuté dans les autres États membres sans qu'une déclaration de force exécutoire soit nécessaire et sans que sa reconnaissance puisse être opposée. Le considérant 9 du règlement souligne l'avantage de la procédure par rapport au règlement (CEE) n° 44/2001 car l'assentiment des autorités judiciaires d'un deuxième État membre n'est plus nécessaire.

Par principe, les actes d'exécution restent nationaux. Le TEE est applicable aux actes authentiques dressés postérieurement au 21 octobre 2005 (art. 26 et 33 combinés). Désormais, le créancier a le choix entre le règlement 44/2001, le TEE règlement 805/2004 et ce dernier règlement se conjugue avec le règlement 1348/2000 relatif à la signification dans les États membres des actes judiciaires et extra-judiciaires.

■ *La procédure européenne d'injonction de payer (R. (CE) n° 1896/2006)*

Ce règlement est applicable depuis le 12 décembre 2008. Il instaure une procédure européenne d'injonction de payer. La procédure communautaire simplifie, accélère et diminue les coûts des litiges transfrontaliers dès lors que la créance est incontestée. L'injonction de payer européenne est reconnue et exécutée dans tous les États membres (à l'exception du Danemark) sans qu'une déclaration constatant la force exécutoire soit nécessaire. Une fois encore, l'exécution se fait transfrontière sur un titre communautaire et l'*exequatur* disparaît purement et simplement pour ne pas être compatible avec un espace judiciaire sans frontière. Le 13 décembre 2012, la CJUE a eu l'occasion de répondre à une question posée par une juridiction polonaise sur les conditions de la demande (*C-215/11, Szyrocka*). La Cour pose comme principe que l'article 7 du règlement énumère de manière exhaustive les conditions que doit remplir la demande d'injonction européenne de payer à l'exclusion de toutes autres conditions posées par les droits nationaux. Depuis le 1er janvier 2013 seuls les tribunaux d'instance et les présidents des tribunaux de commerce peuvent prononcer cette injonction pour la France (C. org. jud., art. L. 221)7 et C. com., art. L. 722-3-1).

La procédure européenne de règlement des petits litiges (R. (CE) n° 861/2007)

Ce règlement instaure une procédure communautaire qui s'ajoute aux procédures nationales. Elle ne concerne que les litiges transfrontaliers portant sur un montant inférieur à 2 000 €. Cette procédure est applicable depuis le 1er janvier 2009, sauf au Danemark. L'exécution de la décision rendue par la juridiction compétente dans le cadre de la procédure de règlement des petits litiges appartient à la même logique de suppression de l'*exequatur*. L'exécution de la décision dépend du droit procédural du lieu d'exécution. Il suffit au demandeur de l'exécution de la décision de fournir copie authentique de la décision et du certificat qui l'accompagne pour obtenir exécution dans l'État du lieu d'exécution. Les autorités de cet État ne peuvent pas demander de garantie, de caution ou de dépôt au demandeur en raison de sa qualité de ressortissant étranger. Le motif de refus d'exécution de la décision de l'État d'origine est strictement défini. Il s'agit de l'incompatibilité de la décision avec une décision antérieure rendue entre les mêmes parties dans un litige ayant la même cause alors que cette décision antérieure remplit les conditions de sa reconnaissance dans l'Union européenne. Un recours contre la décision est envisageable, il dépend du droit procédural des États membres.

BIBLIOGRAPHIE

Les ouvrages

– ANCEL (B.) et LEQUETTE (Y.), *Les grands arrêts du droit international privé*, Dalloz, 5e éd., 2006.

– AUDIT (B.), *Droit international privé*, Économica, 6e éd., 2010.

– BOUREL (P.), LOUSSOUARN (Y.) et VAREILLES-SOMMIÈRES (P.), *Droit international privé*, Précis Dalloz, 9e éd., 2007.

– BUREAU (D.) et MUIR WATT (H.), *Droit international privé*, t. I partie générale, Thémis droit PUF, 2e éd., 2009.

– DOUCHY-OUDOT (M.), *Le visage inconnu de l'espace judiciaire européen*, Droit et procédures, 2004.

– GAUDEMET-TALLON (H.), *Compétence et exécution des jugements en Europe*, LGDL, Droit des affaires, 4e éd., 2010.

– GUTTMAN (E.), *Droit international privé*, Dalloz, coll. Cours. 6e éd., 2009.

– HOLLEAUX (0.), FOYER (J.) et DE GEOUFFRE DE LA PRADELLE (G.), *Droit international privé*, Masson, 1987.

– MAYER (P.) et HEUZÉ (V.), *Droit international privé*, Précis Domat, Montchrestien, 10e éd., 2010.

– Mélin (E), *Mémentos LMD – Droit international privé*, Gualino éditeur, coll. Fac-Universités, 5e éd., 2012.

– Niboyet (M.-L.) et De Geouffre De La Pradelle (G.), *Droit international privé*, Manuel LGDJ, 2e éd., 2009.

Les revues

Revue critique de droit international privé, éd. Dalloz (*Rev. crit. DIP*)

Journal de droit international (*JDI*)

Les sites internet

Site de la Conférence de La Haye : http://www.hcch.net

Site de l'Union européenne : http://www.europa.net

Site Légifrance : http://www.legifrance.net

Achevé d'imprimer par
l'Imprimerie France Quercy, 46090 Mercuès
N° d'impression : 31228 - Dépôt légal : août 2013

IMPRIM'VERT

Imprimé en France